Sylvia Schubert-Klemenz

LRS im Förderunterricht der Grundschule

Praxisbewährte Materialien auf Signalgruppen- und Morphemebene

ab 2. Klasse

PERSEN

Wir verwenden in unseren Werken eine genderneutrale Sprache, damit sich alle gleichermaßen angesprochen fühlen. Wenn keine neutrale Formulierung möglich ist, nennen wir die weibliche und die männliche Form. In Fällen, in denen wir aufgrund einer besseren Lesbarkeit nur ein Geschlecht nennen können, achten wir darauf, den unterschiedlichen Geschlechtsidentitäten gleichermaßen gerecht zu werden.

12. Auflage 2024

AAP Lehrerwelt GmbH
Veritaskai 3
21079 Hamburg
Telefon: +49 (0) 40325083-040
E-Mail: info@lehrerwelt.de
Geschäftsführung: Andrea Fischer, Sandra Saghbazarian
USt-ID: DE 173 77 61 42
Register: AG Hamburg HRB/126335

Autorschaft: Sylvia Schubert-Klemenz
Covergestaltung: TSA&B Werbeagentur GmbH, Hamburg
Illustrationen: Beate Hoyer
Satz: MouseDesign Medien AG, Zeven
Druck und Bindung: Korrekt Nyomdaipari Kft., Budapest

ISBN/Bestellnummer: 978-3-8344-3690-0
www.persen.de

Inhaltsverzeichnis

Einleitung 4

1 Prozess des Schriftspracherwerbs 5
2 Aufbau des Fördermaterials 8
3 Einsatz des Fördermaterials 9

Signalgruppen

ach 10
and 12
ann 14
aus 16
ein 18
eit 20
ich 22
imm 24
ind 26
och 28
oll 30
und 32
uck/ück 34

Gemischte Übungen:
ach-aus 36
ein-ind 37
och-uck 38
ach-eit 39
ich-uck 40
ach-ück 41

Morpheme

fahr/fähr 43
komm 45
fall/fäll 47
leg 49
geh/steh 51
schieß/gieß/schließ 53
flieg/flug 55
pack/päck 57
stell 59
deck 61
zahl/zähl 63
wohn 65

Gemischte Übungen:
fahr-leg 67
geh-pack 68
stell-wohn 69
fahr-schließ 70
flieg-wohn 71
fahr-wohn 72

Wortkarten zu den Signalgruppen 74
Wortkarten zu den Morphemen 81

Literaturverzeichnis 87

Einleitung

Der heutige Forschungsstand erlaubt es weder, Lese-Rechtschreib-Schwäche nach dem Ausmaß der Diskrepanz zwischen Intelligenz und Lese-Rechtschreibleistung zu definieren, noch spezielle Teilleistungsschwächen wie akustische oder visuelle Differenzierungsschwächen als Ursache anzusehen.

Vielmehr ist die derzeitige Forschung auf der Suche nach den Störungsursachen im Prozess des Schriftspracherwerbs, der dadurch zur Bestimmung der Lese-Rechtschreibbeeinträchtigung an zentraler Bedeutung gewinnt.

Schüler mit Lese-Rechtschreib-Schwächen (LRS) haben Schwierigkeiten, gesprochene Sprache in ihrer Lautstruktur zu erfassen und zu durchgliedern.

Auch die mangelnde Fähigkeit, Buchstaben, Buchstabenfolgen und Wörter zu speichern, schränkt ihren Schriftspracherwerb deutlich ein. Und weil Lesen und Schreiben immer einen Wiedererkennungsprozess voraussetzt, kann nicht gelesen werden, was nicht gespeichert ist.

Mit dem vorliegenden Fördermaterial werden daher anhand häufig vorkommender Buchstabenfolgen wie Signalgruppen und Morpheme Segmentierungsstrategien aufgebaut, mit dem Ziel, die Phonologische Bewusstheit, das Gedächtnis und die Aufmerksamkeit zu trainieren.

1 Prozess des Schriftspracherwerbs

Der stufenweise Prozess des Schriftspracherwerbs

Das Erkennen von Störungen im Schriftspracherwerb setzt die Kenntnis eines störungsfreien Schriftspracherwerbs voraus, der im Folgenden kurz dargestellt wird.

Es wird übereinstimmend davon ausgegangen, dass das Erlernen des Lesens in aufeinander aufbauenden Stufen erfolgt. Zur Abbildung dieses Prozesses orientiert sich eine Reihe führender LRS-Forscher (Klicpera & Gasteiger-Klicpera 1995, Schneider 1998, Walter 1996) am Modell von Frith (1985), das folgende Stufen des Lesenlernens unterscheidet (siehe auch S. 7):

1. Logographisches Stadium
Auf dieser Stufe werden Wortbilder aufgrund prägnanter Merkmale optisch wahrgenommen, gespeichert und wiedererkannt, vor allem wenn sie optisch eingebunden sind wie z. B. bei Logos (Coca Cola, Pokémon, McDonalds …).
In reiner Schriftsprache wären sie noch nicht erlesbar.

2. Alphabetisches Stadium
In diesem Stadium wird Buchstabe für Buchstabe durch Lautieren erlesen, ihre Klänge aneinandergereiht und zusammengeschliffen.
Voraussetzung dafür sind sichere Graphem-Phonem-Zuordnungen. Denn Untersuchungen zeigen, „dass die Leseentwicklung in einem hohen Maß von der Regelmäßigkeit und Durchsichtigkeit der Graphem-Phonem-Korrespondenzen abhängt“ (Klicpera & Gasteiger-Klicpera 1995, S. 51).

3. Orthographisches Stadium
Es werden häufig vorkommende Segmente von Buchstabenfolgen und zunehmend ganze Wörter erkannt und in Phonemfolgen umgewandelt. Voraussetzung ist das Erkennen und damit das Training von redundanten, das heißt immer wiederkehrenden Buchstabenfolgen. Dazu gehören Signalgruppen, Silben und Morpheme.

Die verschiedenen Stadien dieses Stufenmodells sind nicht starr voneinander abgesetzt zu sehen, sondern sie gehen fließend ineinander über.

Um diese Stufen erfolgreich durchlaufen zu können, müssen Kinder über bestimmte Fähigkeiten, die sogenannten Vorläuferfertigkeiten, verfügen.

Vorläuferfertigkeiten

Nach Ergebnissen von Langzeituntersuchungen konnten drei Vorläuferfertigkeiten als entscheidende Voraussetzungen für den Schriftspracherwerb gefunden werden.

1. Phonologische Bewusstheit
Unter Phonologischer Bewusstheit versteht man die „Einsicht in die phonologische Struktur der Sprache und die Analyse und Synthese phonologischer Einheiten“ (Jansen u. a. 1999, S. 8).
Phonologische Bewusstheit im weiteren Sinne – z. B. das Erkennen von Silben und Reimen – ist bei Vorschulkindern weitgehend vorhanden.
Phonologische Bewusstheit im engeren Sinne – z. B. das Erkennen von Phonemen im gesprochenen Wort – entwickelt sich in der Regel erst im Prozess des Schriftspracherwerbs (Küspert & Schneider 1999).

2. Phonetisches Kodieren im Arbeitsgedächtnis (AG)
Um eine visuelle Information wie ein Graphem oder Graphemfolgen phonetisch kodieren, das heißt in Phoneme und Phonemfolgen umwandeln zu können, ist eine Zwischenspeicherung im Kurzzeitgedächtnis bzw. Arbeitsgedächtnis erforderlich. Da der phonetische Speicher nur eine begrenzte Kapazität von etwa zwei Sekunden aufweist, wird durch „inneres Sprechen“, auch als subvokaler Rehearsalprozess bezeichnet, in kumulativer Wiederholung versucht, die aufgenommene Information länger zu aktivieren. Bei LRS-Schülern scheint dieser Kontrollprozess weniger effektiv zu sein (Hasselhorn 1998).

Vom Arbeitsgedächtnis übernimmt das Langzeitgedächtnis (LZG) alle Informationen zur Speicherung. Nur wenn Informationen aktiv über die Speicherkapazität von zwei Sekunden hinaus im AG bearbeitet werden, kann das LZG sie übernehmen. Sie sollten „wiederholt, schriftlich aufbereitet und mit eigenen Gedanken kritisch durchgearbeitet werden“ (Borchert 1996, S. 97).

3. Schneller Abruf aus dem Langzeitgedächtnis (LZG)
Während des Lese- und Schreibprozesses ist bei den angebotenen Graphemfolgen ein schneller, störungsfreier Abruf der verschiedenen Codes notwendig. Bei LRS-Kindern lassen sich häufig schwach ausgeprägte Repräsentationen visuell-phonologischer und phonologisch-semantischer Zuordnungen feststellen; auch kann der Abrufprozess aus dem LZG verlangsamt oder gestört sein (Jansen u. a. 1999).
Als weitere relevante Vorläuferfertigkeiten gelten die visuelle Aufmerksamkeit (ebd.) oder auch visuelle Segmentierungsstrategien (Walter 1996).

Redundanzen – Segmentierungsstrategien

Scheerer-Neumann (1977) stellt in ihrem Leselernmodell dar, wie der dargebotene Buchstabe bzw. das Wort über die visuelle, phonologische und semantische Kodierung erlesen wird. Dabei findet bei jeder dieser Kodierungen eine Abtastung im Langzeitgedächtnis (LZG) statt. Das heißt: Bereits im LZG gespeicherte Buchstaben, Buchstabenfolgen oder Wörter werden wiedererkannt und können dadurch gelesen werden.
Dem Lesen und Schreiben liegt also nicht die Anwendung eines Regelsystems zugrunde, sondern es findet ein Such- und Abtastungsprozess statt, bei dem das Erkennen redundanter Buchstabenfolgen und deren ökonomische Segmentierung zentrale Funktionen sind.
Bei genauer Untersuchung des konkreten Schreib- und Leselernprozesses lassen sich zwei Funktionen unterscheiden, die für den Schriftspracherwerb von zentraler Bedeutung sind:

1. Das Erkennen von Redundanzen
Ganz bestimmte Buchstabenfolgen treten in unterschiedlicher Häufigkeit immer wieder auf (sequentielle Redundanz) und Buchstaben zeigen sich wiederholt in bestimmten unterschiedlichen Wortpositionen (Positionsredundanz) (Klicpera 1995, S.25).

2. Die Entwicklung von Segmentierungsstrategien
Redundante Buchstabenfolgen sind zu erkennen und zu speichern, um beim Lesen (und Schreiben) das Wort in Buchstabenfolgen gliedern und im LZG abrufen zu können.

Methoden des Schriftspracherwerbs

Ziel des anfänglichen Lese-Rechtschreibunterrichts muss eine genaue und intensive Vermittlung der Graphem-Phonem-Korrespondenzen sein, um die erlernten Buchstaben den entsprechenden Lauten zuordnen zu können.
Dieses Lesen von Buchstabe zu Buchstabe mit den beschriebenen Stadien der Kodierung geht langsam über in ein zunehmendes Wissen über die Zuordnung von Buchstabenfolgen zu Phonemfolgen. Um diesen Prozess zu unterstützen und zu beschleunigen, ist ein Training von Buchstabengruppen unterhalb der Wortebene und oberhalb der Buchstabenebene erforderlich (Walter 1996).

Mit dem vorliegenden Fördermaterial werden systematisch kleinste Buchstabenfolgen wie Signalgruppen (Vokal-Konsonanten-Verbindungen ohne Bedeutungsgehalt) und häufig vorkommende Morpheme (Wortstämme wie: fahr, komm, zeig) erarbeitet und gespeichert.
Als Grundstock dienen die häufigsten in der deutschen Sprache vorkommenden 12 Signalgruppen (z. B. and, eit, imm / Müller 1999).

Stufenmodell des Leselernprozesses nach Frith (1985)

1.	Logographisches Stadium	Wortbilder werden ganzheitlich aufgrund prägnanter Merkmale rein visuell gelernt und wiedererkannt.
2.	Alphabetisches Stadium	Buchstabe für Buchstabe wird aufgrund von erlernten Graphem-Phonem-Zuordnungen erlesen, ihre Klänge werden aneinandergereiht und zusammengeschliffen.
3.	Orthographisches Stadium	Häufig vorkommende Segmente von Buchstabenfolgen (Signalgruppen, Silben, Morpheme) und zunehmend ganze Wörter werden erkannt und in Phonemfolgen umgewandelt.

Prozess des Schriftspracherwerbs

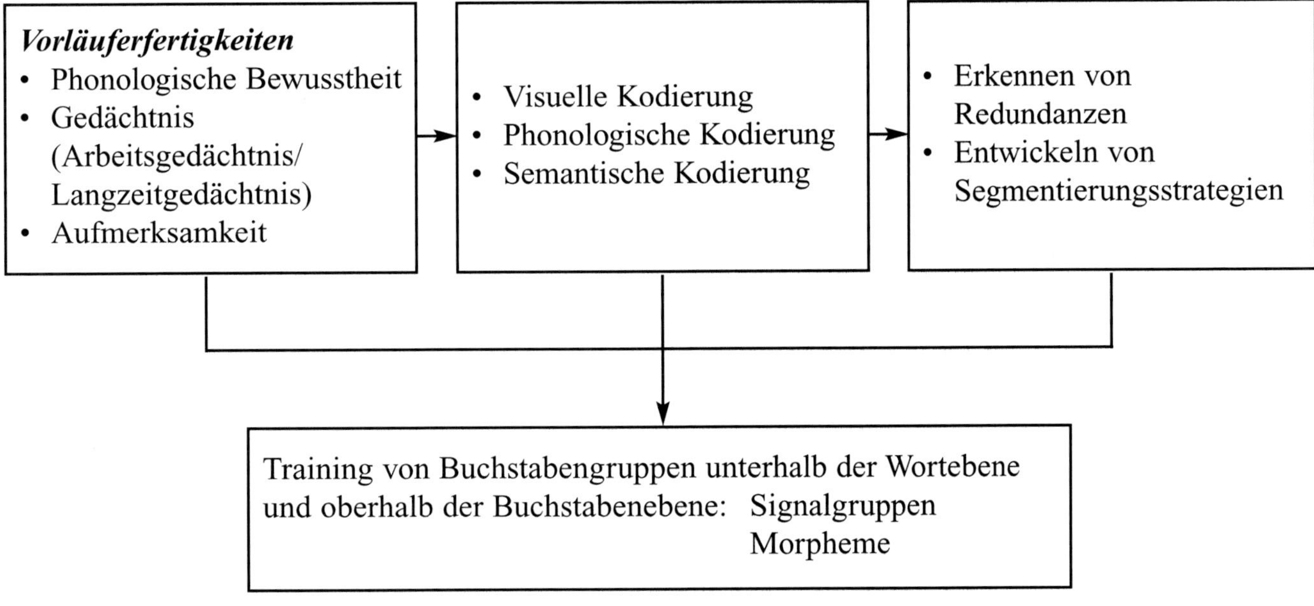

2 Aufbau des Fördermaterials

Die von mir in der Grundschule erprobten und überprüften Materialien (Schubert-Klemenz 2001) sind im Förderunterricht sowie ergänzend im Regelrechtschreibunterricht ab Ende der 1. Klasse bis einschließlich der 3. Klasse einsetzbar.

Zur Einführung und Bearbeitung der 13 Signalgruppen und 12 Morpheme werden je zwei Seiten angeboten:

Einführungsseite
Zur Einführung einer Signalgruppe / eines Morphems steht jeweils eine Seite zur Verfügung. Aufgabe ist es, diese Signalgruppe / dieses Morphem mit Textmarkern (sie eignen sich besonders wegen des entstehenden Kontrastes) zu kennzeichnen und zu Wörtern innerhalb einer Tabelle zu ergänzen.

Vertiefungsseite
Auf dieser Seite werden neben spielerischen Aufgaben jeweils zwei Texte angeboten. Die neuen (und die vorher eingeführten) Signalgruppen / Morpheme werden mit jeweils unterschiedlichen Farben markiert. Der Text soll abgeschrieben und diktiert werden.
Zur Selbstkontrolle sind in der Fußzeile die Anzahl der im Text verwendeten Signalgruppen / Morpheme angegeben.

Gemischte Übungen
In einem sich anschließenden Teil befinden sich Kopiervorlagen mit spielerischen Aufgaben wie „Trimino“, „Kreisel“ und „Domino“. Diese eignen sich auch für Partner-, Gruppen- und Freiarbeit.

Wortkarten
Die Wortkarten können zur Einführung der Signalgruppen und Morpheme genutzt werden und als Erinnerungsstütze vergrößert an der Wand befestigt werden.

3 Einsatz des Fördermaterials

Dem Konzept entsprechend und in der Praxis erprobt, empfiehlt sich folgende Vorgehensweise:

- Die Signalgruppe / das Morphem ist auf der Einführungsseite separat im Rahmen (Kopfzeile / Fußzeile) und im Wort zu erkennen und mit einem Textmarker zu kennzeichnen. Anschließend werden die Wörter so in die Tabelle eingetragen, dass in der mittleren Spalte nur die betreffende Signalgruppe / das Morphem steht. In der dritten Spalte wird das Wort als Ganzes geschrieben.
  Im Morphem-Teil gibt es nur eine zweiteilige Tabelle. Da die Schüler jetzt fortgeschritten sind, ist das jeweilige Wort im Ganzen und damit in seiner Bedeutung nicht vorgegeben. Bei dieser Übung wird die visuelle Schriftinformation erkannt, visuell segmentiert, phonologisch kodiert und wieder integriert.
- Zur Anwendung des „inneren Sprechens“ (Rehearsalprozess, siehe S. 5) werden die Schüler dazu angehalten, die Augen zu schließen, sich dabei gerade erarbeitete Wortbilder vorzustellen und die Wörter zu lautieren (vgl. Rosenkötter 1997). Dieser Prozess wird solange wiederholt, bis die Wortsegmente oder Wörter sicher abrufbar sind.
- Die Texte auf der Vertiefungsseite werden folgendermaßen bearbeitet:
  - Gemeinsames Lesen
  - Markieren der eingeführten Buchstabenfolgen
  - Leises Lesen
  - Abschreiben des Textes (Behaltensleistungen immer größerer Einheiten werden abverlangt)
- Zur weiteren Vertiefung können die Schüler die Aufgabe bekommen, auf ihrem Schulweg, beim Einkaufen, in Werbeprospekten etc. nach der jeweiligen Signalgruppe / dem jeweiligen Morphem zu suchen und sie zu entdecken.
- Es folgen Wörter- und Textdiktate mit bereits eingeführten Signalgruppen und Morphemen.
- Gestützt auf Befunde zu Gedächtnisstrategien von Bee-Götsche (1993) hat sich folgende Vorgehensweise zur Erarbeitung eines Textes bewährt:
  - Erlesen des vorgegebenen Textes
  - Markieren gerade eingeführter Buchstabenfolgen und / oder neuer orthografischer Besonderheiten
  - Eigenständiges Lesen des Textes und Markieren individueller Fehlermöglichkeiten, um eigene Gedächtnisstrategien entwickeln zu lernen
  - Diktieren des Textes; vor dem Schreiben lautes Nachsprechen des Vorgelesenen durch die Schüler, um den Rehearsalprozess zu aktivieren
  - Vergleichen der Diktatniederschrift mit dem vorliegenden Text

Das eigenständige Lesen und Markieren sowie die Fehlersuche sollen die Entwicklung einer Selbstkontrollstrategie begünstigen, die durch zunehmenden Erfolg automatisiert wird und dadurch dem Schüler die Chance gibt, seine eigenen Fähigkeiten neu zu sehen und richtig einzuschätzen. Dabei darf, um Überforderung zu vermeiden, die Leistungsgrenze nicht überschritten werden.

Mit diesem Vorgehen ergeben sich folgende Vorteile:

Langsam und kontinuierlich werden „Inseln des Wissens“ aufgebaut und von sicherem Terrain aus allmählich vergrößert.

Ständige Regelentscheidungen z. B. durch Ableitungsstrategien, die bei schwachen Rechtschreibern Überforderung und Verunsicherung erzeugen, erübrigen sich.

Ableitungsstrategien für Regelentscheidungen (z. B. Wortverlängerung zur Bestimmung des Auslautes) müssen also nur in eingeschränktem Maße erarbeitet werden und erweisen sich bei zunehmend gespeicherten Wörtern und Wortsegmenten als weniger relevant für das Rechtschreiblernen.

Durch erkennbare Fortschritte im Schriftspracherwerb reduzieren sich die Kontrollverlusterfahrungen der Schüler beim Lesen und Schreiben; stattdessen erleben sie eine zunehmende Selbstwirksamkeit ihrer Lernbemühungen, die sie motiviert, ihre Lernanstrengungen zu erhöhen (Jerusalem 1990).

Ach	ach	ach

1) Erzähle weiter.

Heute Nacht um halb acht war ich wach, weil …

2) Markiere alle ach auf dieser Seite.

3) Fülle die Tabelle aus.

die Nacht	N	ach	t	die Nacht
acht				
ach				
wach				
das Dach				
machen				
lachen				
der Drache				
der Bach				
der Krach				

4) Finde noch andere ach -Wörter.
Trage sie ein.
Tipp: Schaue im Wörterbuch nach.

ach	ach	och	Ach	ach	och	Ach	uch	ach

Der Drache

Heute Nacht lag ich wach und dachte
an den Drachen Torach. Ich sah ihn
lachen und lachen. Er badete im flachen Bach
und machte dabei großen Krach.
Um acht verzog er sich unter seinem Dach.

1 a) Markiere alle ach (14).
b) Schreibe den Text ab.

2) Bilde ach -Wörter.
Schreibe sie auf.

B
Sch
F

ach

P
S
R

ach

e
t
en

Die Sache auf dem Dach

In der Nacht um halb acht lag ich wach.
Es war dunkel. Auf dem Dach war großer Krach.
Ich hielt den Atem an. Es machte tapp, tapp und
etwas flog weg. Danach lachte ich über diese Sache.

3 a) Markiere alle ach (11).
b) Schreibe den Text ab.

And	and	and

1) Erzähle weiter.

Ich fand am Strand im Sand eine Muschel, die …

2) Markiere alle and auf dieser Seite.

3) Fülle die Tabelle aus.

die Hand	H	and		die Hand
der Sand				
der Rand				
das Land				
andere				
er fand				
du fandest				
der Strand				
das Band				
die Landung				

4) Finde noch andere and -Wörter.
Trage sie ein.
Tipp: Schaue im Wörterbuch nach.

and	And	Und	ind	and	end	And	End	and

Im Sand

Andrea und Andreas wanderten am Strand. Andreas Hand fand im Sand eine schöne Muschel. Mit seiner Hand grub er ein Loch. Er legte die Muschel hinein und machte Sand darüber. Andrea suchte und fand sie im Sand.

1 a) Markiere alle [and] (14).
b) Schreibe den Text ab.

2) Rätselgitter: Finde alle 7 [and]-Wörter.
Schreibe sie in dein Heft.

S	I	L	S	O	B	A	Q	R	N	V	T	S	E
A	B	F	W	A	N	D	O	M	P	R	F	L	I
N	K	E	F	I	O	H	F	I	O	D	Z	A	Z
D	C	H	A	N	D	G	J	I	W	G	W	N	G
E	F	H	J	D	E	F	A	D	B	H	N	D	U
D	R	A	N	D	H	P	G	R	A	F	R	U	A
P	F	A	K	H	I	C	I	E	N	I	M	N	U
G	C	L	G	S	T	R	A	N	D	A	L	G	G

Der kleine Drache Torach

Heute fand Andreas am Strand im Sand einen Drachen. Er ist so klein wie eine Hand. Er heißt Torach. In der Nacht spielt er und macht Krach. Wenn alle schlafen, ist er außer Rand und Band.

3 a) Markiere alle [and] (7).
b) Schreibe den Text ab.

1) 1 [ach]
3) 7 [ach]

Ann	ann	ann

1) Erzähle weiter.

Ein Mann kannte eine große Tanne im Wald, die …

2) Markiere alle ann auf dieser Seite.

3) Fülle die Tabelle aus.

die Tanne	T	ann	e	die Tanne
der Mann				
die Kanne				
die Wanne				
er kann				
die Pfanne				
er kannte				
es brannte				
dann				
die Panne				

4) Finde noch andere ann -Wörter.
Trage sie ein.
Tipp: Schaue im Wörterbuch nach.

ann	And	Ann	onn	Ann	inn	onn	ann	Ann

Unter den Tannen
Anna fuhr mit dem Auto durch ein anderes Land. Sie kam zu einem Wald mit großen Tannen. Dort machte sie ein Feuer. Als es brannte, machte sie sich Eier in einer Pfanne. Dann kamen Achim und Andi. Sie hatten mit ihrem Auto eine Panne.

1 **a) Markiere alle ann (7).**
b) Schreibe den Text ab.

2) **Setze die Wörter zusammen.**
Schreibe sie auf.

Kaffee-	**-pfanne**	**Auto-**	**-wanne**
Wäsche-	**Brat-**	**-panne**	**Weihnachts-**
-mann	**-kanne**	**Sand-**	**-tanne**

der Sandmann
___
___
___

Die Panne
Anna hat mit ihrem Auto eine Panne.
Daher kann sie Andi nicht besuchen. Da kommt ein anderer Mann und hilft ihr. So kann sie doch noch zu Andi fahren. Er wohnt in dem Haus unter den Tannen. Als sie um acht ankommt, macht er eine Kanne Tee und brät Eier in der Pfanne.

3 **a) Markiere alle ann (9).**
b) Schreibe den Text ab.

1) 3 ach, 3 and
3) 1 ach, 3 and

Aus	aus	aus

1) Erzähle weiter.

In der großen Pause sauste eine Maus …

2) Markiere alle aus auf dieser Seite.

3) Fülle die Tabelle aus.

die Maus	M	aus		die Maus
Nikolaus				
die Faust				
die Laus				
aus				
sausen				
hinaus				
heraus				
die Brause				
er braust				

4) Finde noch andere aus -Wörter.
Trage sie ein.
Tipp: Schaue im Wörterbuch nach.

aus	Aus	ans	aus	Ans	Aus	aus	ans	Aus

Unser Nikolaus

Heute in der großen Pause brauste
unser Nikolaus auf den Pausenhof.
In der Faust hielt er eine Flasche Brause.
Wir rannten alle aus dem Schulhaus hinaus.
Wir lachten und machten Krach.
Da winkte er mit der Hand und verschwand
hinter den Tannen.

1 a) Markiere alle aus (10).
b) Schreibe den Text ab.

2) Bilderrätsel: Welche aus -Wörter sind es?

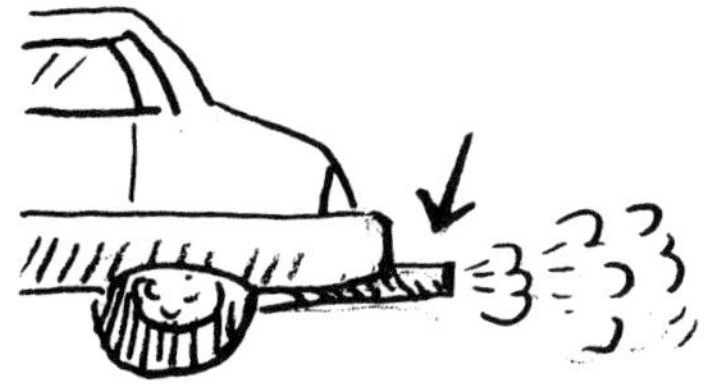

der ____________________ **die** ____________________

die ____________________

Die Maus im Haus

Anna kam Achim besuchen. Im Flur sauste eine
Maus um die Ecke. Anna erschrak. Dann nahm sie
einen Stock in die Faust und rannte hinterher.
Aber die Maus war längst aus dem Haus hinaus
auf die Wiese hinter die Tannen gelaufen.

3 a) Markiere alle aus (9).
b) Schreibe den Text ab.

1) 3 ach, 2 and, 2 ann
3) 1 ach, 5 ann

Ein	ein	ein

1) Erzähle weiter.

Ein Schwein sitzt auf einem Stein und weint, weil …

2) Markiere alle ein auf dieser Seite.

3) Fülle die Tabelle aus.

das Bein	B	ein		das Bein
das Schwein				
der Wein				
der Stein				
klein				
hinein				
herein				
scheinen				
weinen				

4) Finde noch andere ein -Wörter.
Trage sie ein.
Tipp: Schaue im Wörterbuch nach.

ein	Enn	Ein	ein	Eun	ein	eun	Ein	ein

Herr Unfein

Herr Unfein sitzt in seinem schmutzigen Haus.
Da kommen Herr Fein und Herr Rein hinein
und machen das kleine Haus rein und fein.
Jetzt kommt auch noch ein kleines Schwein.
Alle lachen und machen ein kleines Fest
mit Wein.

1 a) Markiere alle ein (15).
b) Schreibe den Text ab.

2) Trage die Reimwörter ein.

	ein	eine	einer
m	mein	meine	
d			
s			
k			

Unser Schwein Rein

Ein kleines Schwein sitzt auf einem Stein und weint:
„Mein Bein, mein Bein ist so schmutzig!" Da kommt
Anna und meint: „Wir machen dein kleines Bein
im flachen Bach fein sauber." Da lacht
unser kleines Schwein. Jetzt sitzt es auf dem Stein
wieder ganz rein.

3 a) Markiere alle ein (21).
b) Schreibe den Text ab.

1) 3 ach, 2 aus
3) 4 ach, 1 ann

Eit	eit	eit

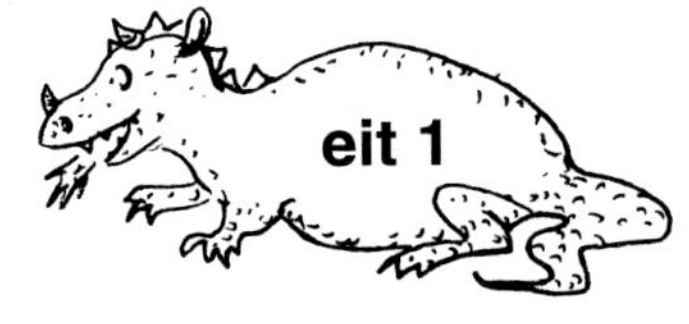

1) Erzähle weiter.

Ein Reiter reitet durch einen verschneiten Wald, als …

2) Markiere alle eit auf dieser Seite.

3) Fülle die Tabelle aus.

die Zeit	Z	eit		die Zeit
reiten				
streiten				
breit				
weit				
die Zeitung				
es schneit				
eitel				
du reitest				

4) Finde noch andere eit-Wörter.
Trage sie ein.
Tipp: Schaue im Wörterbuch nach.

eit	Eit	itt	eit	Itt	eit	itt	Eit	eit

Unser Herr Emil Eitel

Heute nimmt sich unser Herr Emil Eitel sehr viel Zeit.
Er schaut lange in den breiten Spiegel und macht sich fein. Das dauert eine Ewigkeit, denn Emil Eitel ist sehr eitel. Danach macht er sich eine Brause und schaut in die Zeitung. Aber er findet weit und breit kein Bild von sich. Armer Emil Eitel!

1 a) Markiere alle eit (11).
b) Schreibe den Text ab.

2) Wörterschlange: Trenne die Wörter mit einem Strich.
Schreibe sie in dein Heft. Markiere alle eit .

Im verschneiten Wald

Im tiefen Winter reitet ein Mann durch einen verschneiten Wald. Der Weg zum Dorf ist weit. Die Zeit vergeht. Es schneit. Der Reiter reitet und reitet. Weit und breit gibt es nur Schnee. Tannen und Fichten sind zugeschneit. Keine Maus traut sich heraus. Da sieht er Lichter in der Ferne. Er schreit und weint vor Freude. Denn er weiß, bald ist er zu Hause.

3 a) Markiere alle eit (13).
b) Schreibe den Text ab.

1) 3 ach, 1 aus, 4 ein
3) 2 ann, 3 aus, 3 ein

Ich	ich	ich

1) Erzähle weiter.

Auf der Lichtung erscheint ein helles Licht und …

2) Markiere alle ich auf dieser Seite.

3) Fülle die Tabelle aus.

das Licht	L	ich	t	das Licht
die Lichtung				
richtig				
wichtig				
mich				
er spricht				
sie sticht				
sichtbar				
fröhlich				

4) Finde noch andere ich-Wörter.
Trage sie ein.
Tipp: Schaue im Wörterbuch nach.

ach	ich	Ich	Ich	Ich	ich	uch	ich	ach

Das Licht auf der Lichtung

Heinrich und Michi laufen durch den Wald.
Es ist dichter Nebel. „Ich sehe dich nicht mehr!“, ruft Heinrich. „Du bist für mich unsichtbar. Wo ist der richtige Weg?“
Da bricht Licht durch die Nebelwand.
Die Tannen werden sichtbar.
Sie stehen auf einer Lichtung. Fröhlich finden sie jetzt den richtigen Weg nach Hause.

1 a) Markiere alle [ich] (17).
b) Schreibe den Text ab.

2) Bilderrätsel: Welches [ich] -Wort ist es?

Er ist nicht traurig, sondern

____

Ein dunkler Traum

Eine tiefe Nacht breitet sich aus. Es ist stockdunkel.
Nur ein schmaler Streifen Licht fällt wie ein Strich ins Zimmer.
Möbel und Wände sind unsichtbar. Es ist mir unheimlich.
Meine Hände sind feucht und kalt. Da huscht eine Maus durch das Licht und wird kurz sichtbar. Ich erschrecke und bekomme Herzklopfen. Es kracht im Holz. Da wache ich auf.
Die Sonne scheint. Helles Licht bricht über mich herein.
Mir wird ganz warm ums Herz.

3 a) Markiere alle [ich] (11).
b) Schreibe den Text ab.

1) 1 [and], 1 [ann], 1 [aus], 3 [ein]
3) 3 [ach], 2 [aus], 8 [ein], 1 [eit]

Imm	imm	imm

1) Erzähle weiter.

Im dunklen Zimmer schimmert ein kleines Licht …

2) Markiere alle imm auf dieser Seite.

3) Fülle die Tabelle aus.

das Zimmer	Z	imm	er	das Zimmer
der Himmel				
stimmen				
es stimmt				
schwimmen				
er nimmt				
schlimm				
die Stimme				
immer				

4) Finde noch andere imm -Wörter.
Trage sie ein.
Tipp: Schaue im Wörterbuch nach.

umm	imm	amm	lmm	omm	imm	lmm	umm	imm

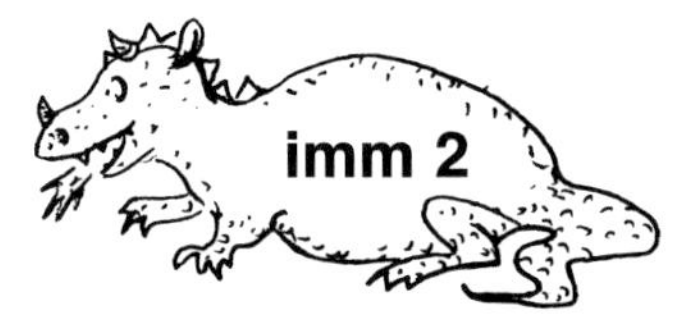

Mit der Bimmelbahn

Immer wenn Immo und Gimmi einen Ausflug machen, scheint die Sonne vom Himmel. Heute fahren sie mit einer richtigen Bimmelbahn aufs Land. Sie sehen Kinder im Bach schwimmen und einen kleinen Mann auf einem Schimmel reiten. Als die Nacht kommt, fahren sie wieder nach Hause.

1 a) Markiere alle imm (8).
b) Schreibe den Text ab.

2) Rätsel: Setze die passenden imm -Wörter ein.

a) Tim spielt in seinem 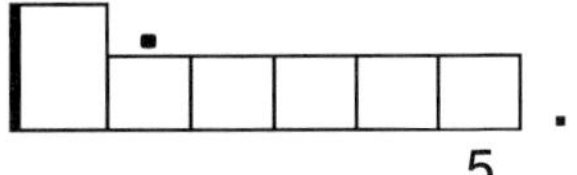 .

b) Die Vögel fliegen am 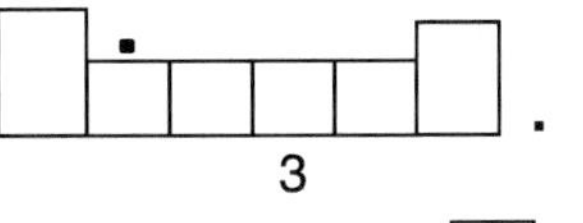 .

c) Birgit geht im Sommer gerne 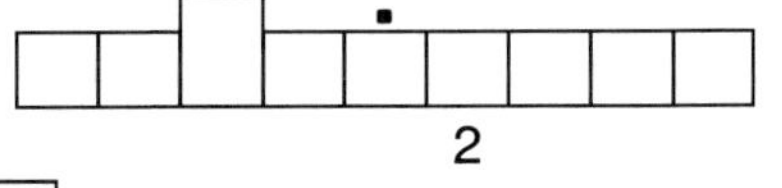 .

d) Lea singt mit ihrer schönen 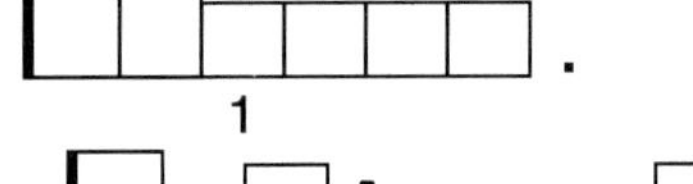 .

e) Ein weißes Pferd nennt man 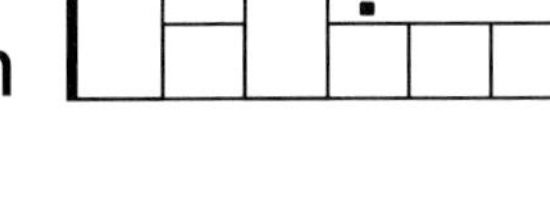 .

Lösungswort: 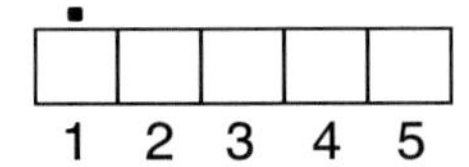

Schwimmen in bester Stimmung

Immer wenn im Sommer die Sonne am Himmel steht, wollen Andrea und Andreas hinaus aus dem Zimmer. „Nimm dein Schwimmzeug und komm!“, ruft Andrea. Auch der Vater muss mit. Im Auto stimmen sie ein Lied an und fahren in bester Stimmung an einen See im Wald. Dort springen sie ins Wasser und schwimmen, bis sie müde sind.

3 a) Markiere alle imm (10).
b) Schreibe den Text ab.

3) 3 and, 2 aus, 3 ein
1) 4 ach, 1 and, 1 ann, 2 aus, 6 ein, 1 eit, 1 ich

Ind	ind	ind

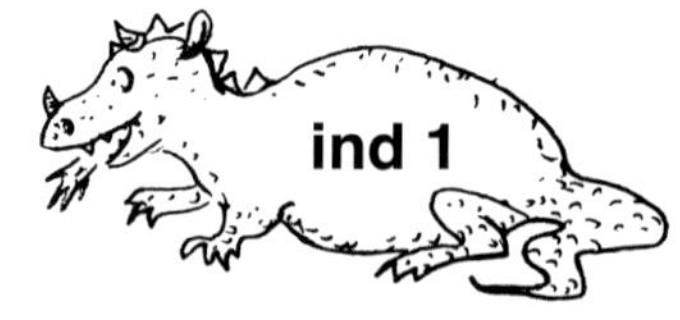

1) Erzähle weiter.

Bei starkem Wind finden die Kinder ein Rind, das …

2) Markiere alle ind auf dieser Seite.

3) Fülle die Tabelle aus.

das Rind	R	ind		das Rind
das Kind				
sie sind				
blind				
der Wind				
finden				
binden				
windig				

4) Finde noch andere ind -Wörter.
Trage sie ein.
Tipp: Schaue im Wörterbuch nach.

ind	*und*	Ind	*ond*	ind	*Ind*	*end*	ind	*End*

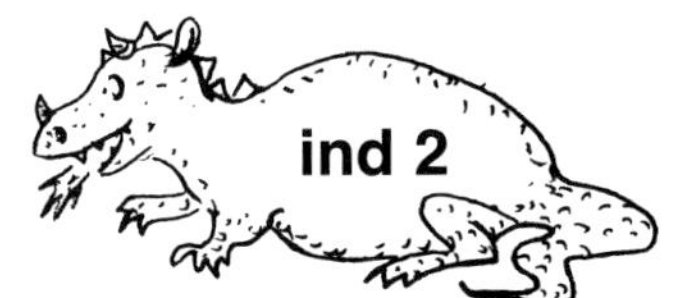

Im Wind

Die Kinder sind im Garten. Es weht
ein starker Wind. Eine kleine Tanne biegt sich
fast bis zum Boden. Die Kinder binden sie
mit einem Band fest. Auf der Wiese sehen sie
ein Rind wie blind herumlaufen. Es ist
das Kind der Kuh Berta. Sie bringen es
in seinen Stall. Draußen ist es immer noch
windig. Die Kinder gehen wieder ins Haus.

1 a) Markiere alle [ind] (11).
b) Schreibe den Text ab.

2) Streiche die Dinge durch, deren Namen kein [ind] enthalten.

Der Findling im Sand

Linda und Cindy sind am Strand. Im Sand finden die Kinder
einen flachen Stein. Er sieht aus wie ein kleiner Findling.
Ganz rund hat ihn das Wasser gemacht. Es ist sehr windig.
Immer mehr Wind kommt auf. Es ist ein schlimmer Wind,
der den Sand aufwirbelt und weiterträgt. Wie blind tasten
die Kinder nach dem Stein. Aber sie finden ihn nicht mehr.
Der Sand hat ihn verschlungen.

3 a) Markiere alle [ind] (13).
b) Schreibe den Text ab.

3) 3 [ach], 5 [and], 1 [aus], 6 [ein], 1 [eit], 1 [ich], 1 [imm]
1) 1 [and], 1 [ann], 1 [aus], 6 [ein], 1 [imm]

Och	och	och

1) Erzähle weiter.

Ein Koch kochte aus einem Knochen eine Suppe, die ...

2) Markiere alle och auf dieser Seite.

3) Fülle die Tabelle aus.

das Loch	L	och		das Loch
der Knochen				
er mochte				
noch				
doch				
gesprochen				
gestochen				
gebrochen				
kochen				

4) Finde noch andere och -Wörter.
Trage sie ein.
Tipp: Schaue im Wörterbuch nach.

ach	Och	ich	och	uch	och	ich	Och	uch

Gebrochene Knochen

Letzte Woche war Andrea beim Kochen hingefallen und hatte sich einen Arm gebrochen. Die Woche davor war Anna im Garten in ein Loch gefallen und hatte sich ein Bein gebrochen. Die Knochen waren nicht nur angebrochen, sondern richtig durchgebrochen. Deshalb mochten sie erst einmal nicht mehr draußen spielen.

1 a) Markiere alle och (12).
b) Schreibe den Text ab.

2) Rätsel: Setze die richtigen och -Wörter ein.

Die ☐☐☐☐☐ (2) hat 7 Tage.

Der Hund hat einen ☐☐☐☐☐☐☐ (1) im Maul.

Eine Biene hat mich ☐☐☐☐☐☐☐☐☐ (3) .

Der ☐☐☐☐ (4) rührt im Topf.

Lösungswort: ☐☐☐☐ (1 2 3 4)

Der Rochen im Kochtopf

Jochen kocht für sein Leben gern. Als seine Tochter heute nach Hause kommt, hat er einen großen Rochen im Kochtopf. Sie hat den Fisch schon auf der Straße gerochen. „Musst du denn jede Woche Fisch kochen? Ich habe ihn noch nie gemocht!" Doch da lacht Jochen und holt eine kleine Pizza aus dem Ofen.

3 a) Markiere alle och (13).
b) Schreibe den Text ab.

3) 2 ach, 2 aus, 5 ein
1) 1 and, 1 ann, 5 ein, 3 ich

Oll	oll	oll

1) Erzähle weiter.

Ein toller Troll wollte Wolle kaufen, um ...

2) Markiere alle oll auf dieser Seite.

3) Fülle die Tabelle aus.

die Wolle	W	oll	e	die Wolle
der Troll				
er wollte				
toll				
wollen				
sollen				
Frau Holle				
voll				
die Knolle				

4) Finde noch andere oll -Wörter.
Trage sie ein.
Tipp: Schaue im Wörterbuch nach.

oll	ill	Oll	all	Oll	ull	oll	ill	oll

Frau Holle und der Troll Olli

Frau Holle und der Troll Olli bekamen sich in die Wolle. Frau Holle wollte ihre Kissen ausschütteln und die Erde mit Schnee bedecken. Doch der Troll Olli wollte mit dem Drachen Torach am Strand in der Sonne spielen. So sollten sich Frau Holle und der Troll Olli eine ganze Woche lang streiten. Und die Menschen hatten deshalb immer wieder anderes Wetter.

1 a) Markiere alle oll (16).
b) Schreibe den Text ab.

2) Bilde Wörter.
Schreibe sie auf.

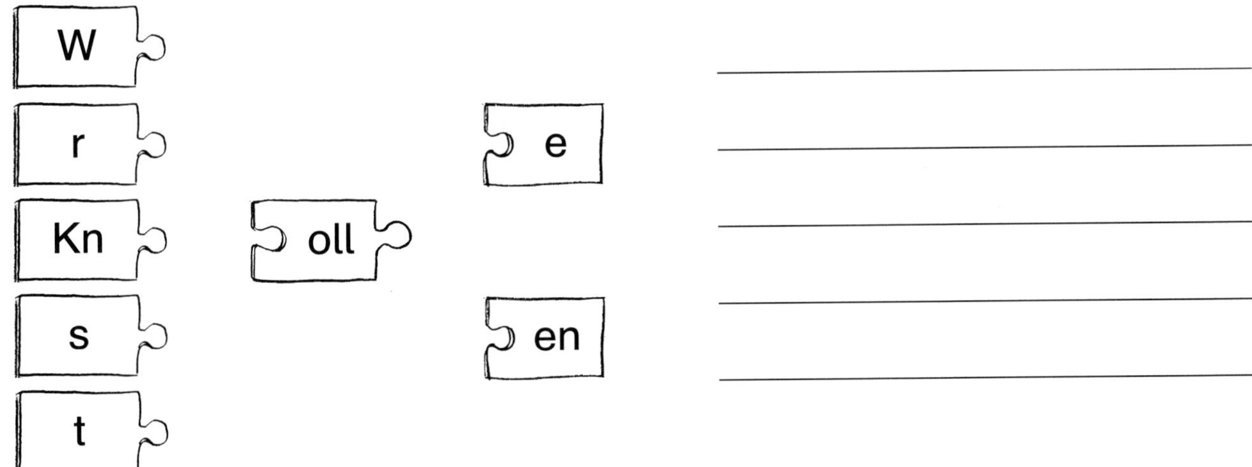

Ein Troll in der Schule?

Was soll ein Troll in der Schule? Soll er lesen lernen? Soll er schreiben lernen? Soll er rechnen lernen? Kann denn ein Troll so etwas wollen? Ein Troll möchte lieber mit den Kindern tollen, Bälle über den Boden rollen, Flugrollen auf der weichen Matte machen und lustige Streiche spielen. Also, was soll dann ein Troll in der Schule?

3 a) Markiere alle oll (14).
b) Schreibe den Text ab.

1) 2 ach, 2 and, 1 aus, 1 ein, 1 eit, 2 ich, 1 imm, 2 och
3) 1 ach, 2 ann, 5 ein, 1 ind

Und	und	und

1) Erzähle weiter.

Ein verwundeter Hund wird gefunden und …

2) Markiere alle und auf dieser Seite.

3) Fülle die Tabelle aus.

der Hund	H	und		der Hund
die Stunde				
die Wunde				
verwundet				
der Schlund				
verwundert				
verschwunden				
gefunden				
sich wundern				

4) Finde noch andere und -Wörter.
Trage sie ein.
Tipp: Schaue im Wörterbuch nach.

ind	*und*	Und	*end*	und	*and*	*Und*	And	*und*

Der verwundete Hund
Vorgestern suchte ein Mann seinen kleinen Hund. Er war in den Wald gerannt und verschwunden.
Nach einer Stunde hatte er ihn gefunden.
Er lag verwundet unter einer hohen Tanne.
Jetzt kann er wieder mit seiner verbundenen Pfote laufen. Es gibt keinen Grund mehr, sich um den Hund Sorgen zu machen.

1 a) Markiere alle und (10).
b) Schreibe den Text ab.

2) Rätselgitter: Finde alle 4 und-Wörter.
Schreibe sie in dein Heft.

A	I	G	E	F	U	N	D	E	N	F
J	D	G	B	L	E	D	P	O	C	G
O	P	L	N	W	W	H	K	E	H	A
C	M	S	T	U	N	D	E	P	U	M
D	F	R	E	N	J	R	Z	U	N	H
J	I	A	K	D	B	N	F	K	D	B
A	H	N	O	E	G	B	S	I	V	T

Der Hund mit der Wunde
Nach acht Stunden Arbeit geht Frau Unde gerne mit ihrem Hund eine Runde. Einmal hat sie ihn an einen Baum gebunden, um Kastanien zu sammeln. Sie hat einen großen Korb voll gefunden. Aber als sie zu ihrem Hund zurückkam, jaulte er. Er hatte eine Wunde am Bein. Sie hat nie den Grund dafür herausgefunden. Seitdem hat sie ihren Hund nie mehr irgendwo angebunden.

3 a) Markiere alle und (14).
b) Schreibe den Text ab.

1) 1 ach, 4 ann, 7 ein, 1 ich
3) 2 ach, 1 aus, 6 ein, 2 eit, 1 oll

Uck	uck	ück

1) **Erzähle weiter.**

Herr Muck guckt in seinen Rucksack und ...

2) **Markiere alle uck und ück auf dieser Seite.**

3) **Fülle die Tabelle aus.**

spucken	sp	uck	en	spucken
jucken				
drücken				
der Druck				
der Rücken				
der Buckel				
bücken				
die Mücke				
rücken				

4) **Finde noch andere uck - oder ück -Wörter.**
Trage sie ein.
Tipp: Schaue im Wörterbuch nach.

uck	ick	ück	Uck	Ack	euck	ock	Ück	uck

Der Ausflug

Heute läuft die Klasse 2a mit ihren Rucksäcken auf dem Rücken ins Schwimmbad. Die Klasse 2b guckt sich eine Brücke an. Spucken ist nicht erlaubt. Auf dem Hinweg drückt der schwere Rucksack auf dem Buckel. Auf dem Rückweg jucken die vielen Mückenstiche.

1 a) Markiere alle uck (6) und ück (5).
b) Schreibe den Text ab.

2) Bilderrätsel: Welche uck- und ück-Wörter sind es?

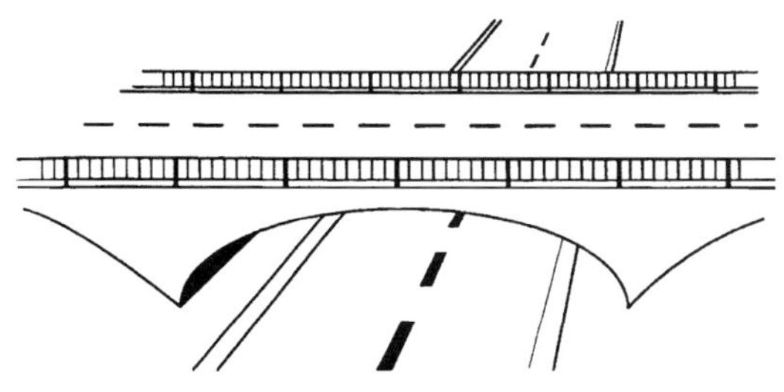

die ____________________ der ____________________

Puck ist krank.

Puck ist krank. Sein Hals tut ihm weh. Er kann nicht schlucken und sprechen. Am ganzen Körper juckt es ihn. Mutter kommt mit der Medizin. Voller Zorn drückt er sie weg. „Ich kann nicht schlucken! Lass mich! Ich spucke alles wieder aus!“ Doch ruckzuck ist der Löffel im Mund. Er schluckt. Nach zwei Tagen ist er wieder gesund.

3 a) Markiere alle uck (9) und ück (1).
b) Schreibe den Text ab.

3) 1 ach, 1 aus, 1 ein, 4 ich, 1 och, 1 oll, 2 und
1) 1 aus, 1 ein, 3 ich, 1 imm

Andi und seine Freunde

Andi wohnt in einem H________ am R_________e

von And-Land.

An einem Morgen besuchen ihn Anna und ihr M________.

Sie br________en mit dem Auto zu ihm.

Zusammen braten sie sich Eier in einer Pf_________e.

Am N__________mittag kommt auch noch Achim.

Gemeinsam gehen sie an den Str__________ .

Am Abend s________en alle wieder nach H__________e.

1) Setze ach, ann, and oder aus ein.

2) Schreibe einem Partner ach, and, ann oder aus mit dem Finger auf den Rücken. Bekommt er heraus, was du geschrieben hast?

3) Verbinde richtig. Schreibe die Wörter in dein Heft.

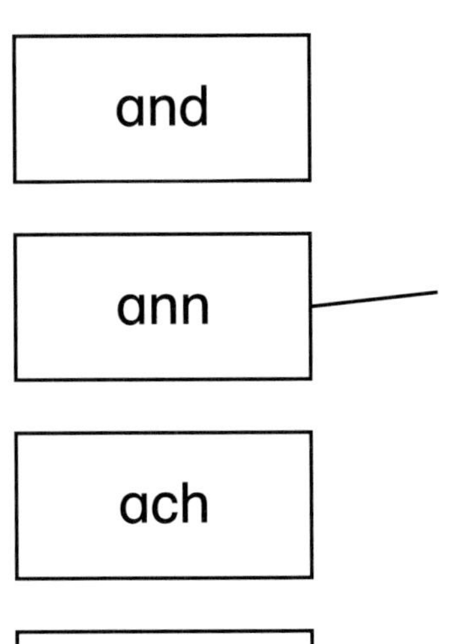

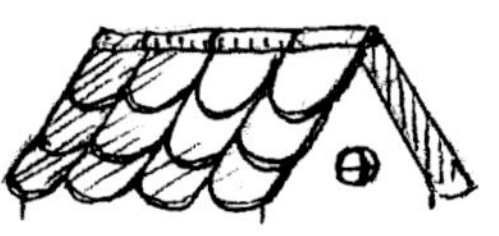

Der Str__________

Achim und Andi str__________en mit lauter

St__________e.

Da kommt das Schw__________ Rein her__________ und

spr__________t: „Hört auf, das ist ja schl__________.

Ihr seid ja bl__________ vor Wut.“

Andi st__________t dem Schw__________ Rein zu.

Achim m__________t: „Es wird Z__________, s__________

zu vertragen.“

Nun s__________ alle wieder fröhl__________.

1) Setze ein, eit, ich, imm oder ind ein.

2) Schreibe einem Partner ein, eit, ich, imm oder ind mit dem Finger auf den Rücken. Bekommt er heraus, was du geschrieben hast?

3) Bilde Wörter.
Schreibe sie in dein Heft.

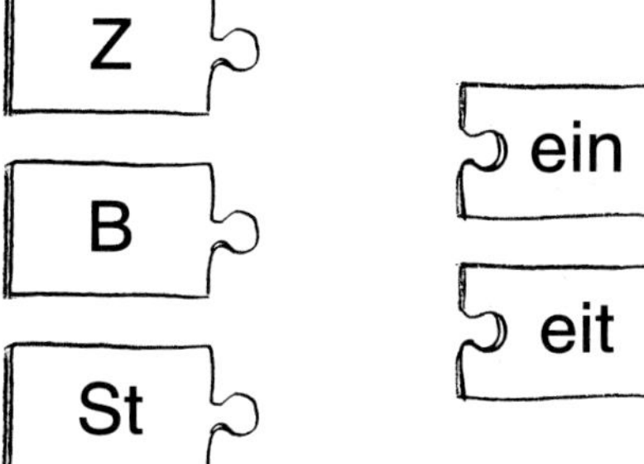

L
H
W
Z

ind
ich
imm

t
el
er

Der helfende Troll

Ein H______________ hatte sich an einem kleinen

Kn____________en verschl___________t. Er versuchte, ihn wieder

auszusp____________en.

Da kam der Tr_________ Olli und fragte: „S__________ ich helfen?“

Nach einer St__________e war es endlich geschafft.

Der H__________ m_________te nie wieder

an einem Kn___________en nagen.

1) Setze och, oll, und oder uck ein.

2) Schreibe einem Partner och, oll, und oder uck mit dem Finger auf den Rücken. Bekommt er heraus, was du geschrieben hast?

3) Wörterschlange
Trenne die Wörter mit einem Strich.

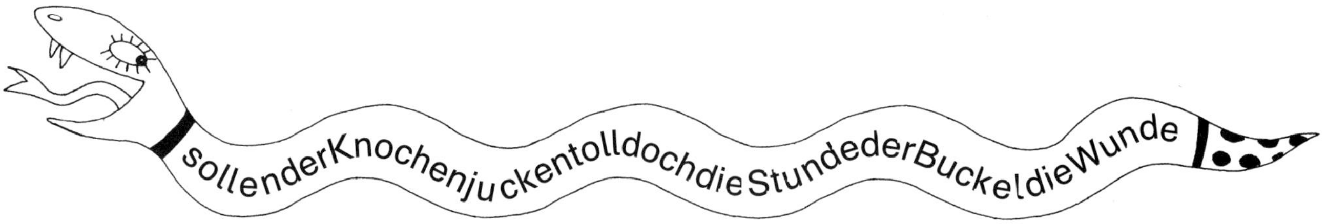

4) Trage die Wörter aus der Schlange richtig ein.

och	oll	und	uck

1) **Fülle die Lücken aus.**

2) **Zu jedem Anhänger passt eine Lok.**
Verbinde oder male sie mit der gleichen Farbe an.

Anhänger	Lok
________t	and
die L______ung	 ein
der Nikol______	 ach
die Pf______e	 ann
das B________	 aus
die Z______ung	 eit

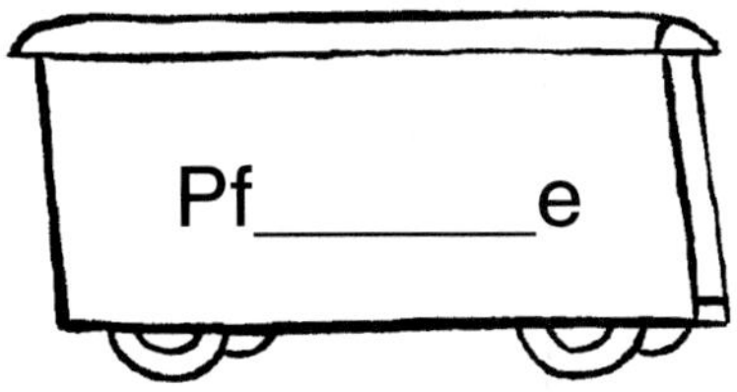

1) Fülle die Lücken aus.

2) Zu jedem Anhänger passt eine Lok.
Verbinde oder male sie mit der gleichen Farbe an.

Anhänger	Lok
w_______tig	uck
das L_________	ind
der H_______el	imm
der H_________	och
t_________	ich
der Dr_________	und
b_______en	oll

Trimino
Schneide die Teile aus.
Wenn du richtig puzzelst, entsteht ein großes Dreieck.

a)

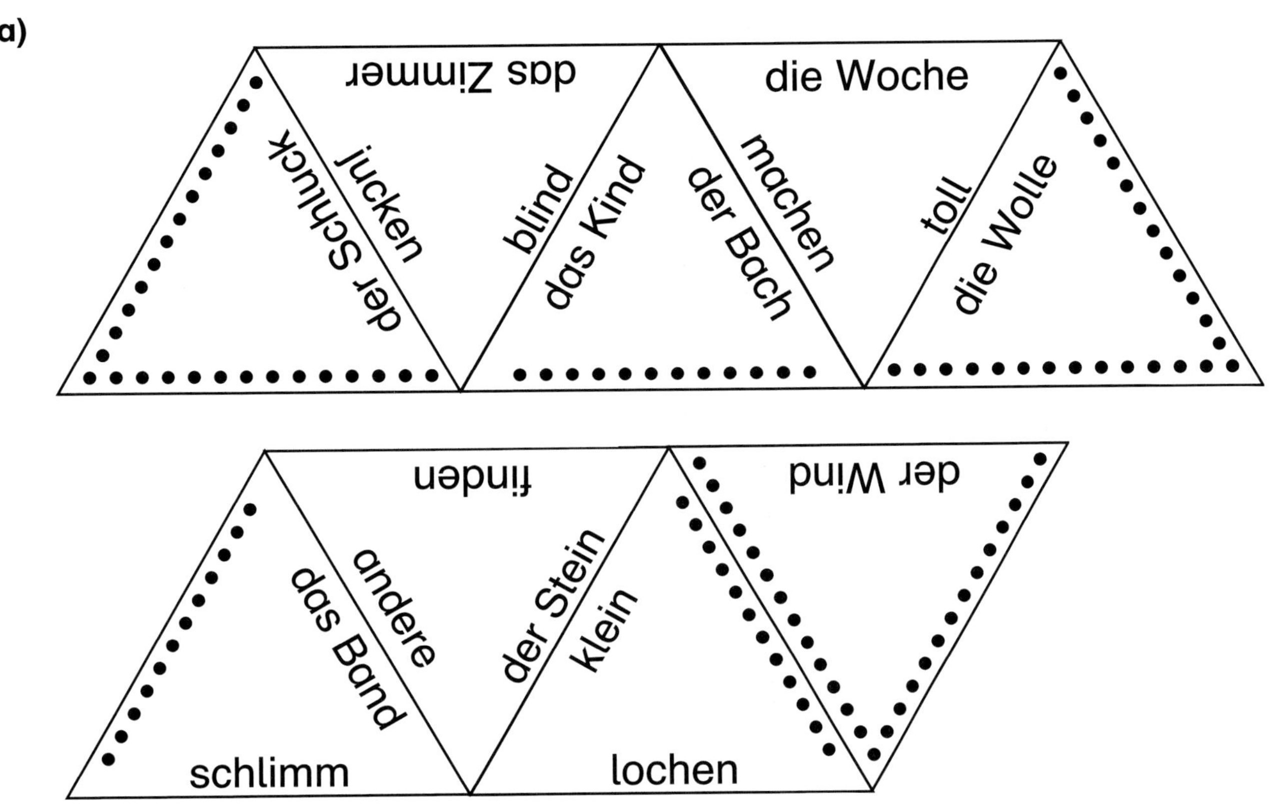

b)

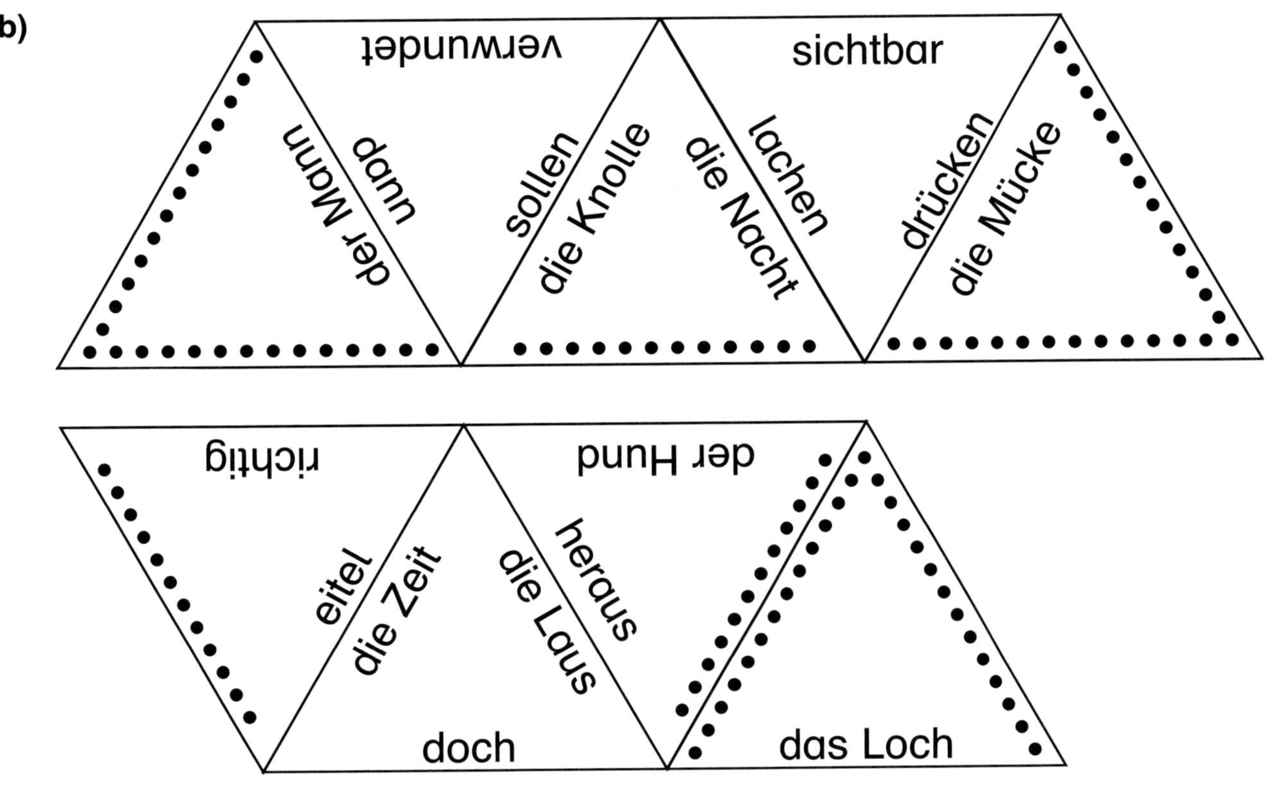

Domino/Memory

das Licht	acht	der Bach	finden
der Wind	verwundet	die Stunde	dann
die Pfanne	klein	das Bein	reiten
die Zeitung	sausen	die Maus	schwimmen
der Himmel	toll	die Wolle	spucken
der Buckel	andere	die Hand	bücken
der Rücken	kochen	das Loch	wichtig

Fahr	fahr	fähr

1) Erzähle weiter.

Morgen fahren wir mit dem Fahrrad …

2) Markiere alle fahr und fähr auf dieser Seite.

3) Fülle die Tabelle aus.

der	Bus	fahr	er	der Busfahrer
das			rad	
die			bahn	
	mit		en	
	um		en	
	hoch		en	
	ab		en	
die	Ge			
die		Fähr	e	
	ge		lich	

4) Finde noch andere fahr - oder fähr -Wörter.
Trage sie ein.
Tipp: Schaue im Wörterbuch nach.

Ein Fahrradausflug

Morgen macht die Klasse 3a mit dem Fahrrad einen Ausflug. Die Lehrerin möchte mit den Schülern nicht auf der Straße zwischen vielen anderen Fahrzeugen fahren.
Das ist ihr zu gefährlich. Viele Autofahrer achten nicht auf Fahrräder. Sie meinen, die Fahrbahn sei nur für Autos da.
So ist die Gefahr groß, von einem Auto angefahren zu werden. Daher fährt die Klasse nur auf Radfahrwegen und alle dürfen mitfahren.

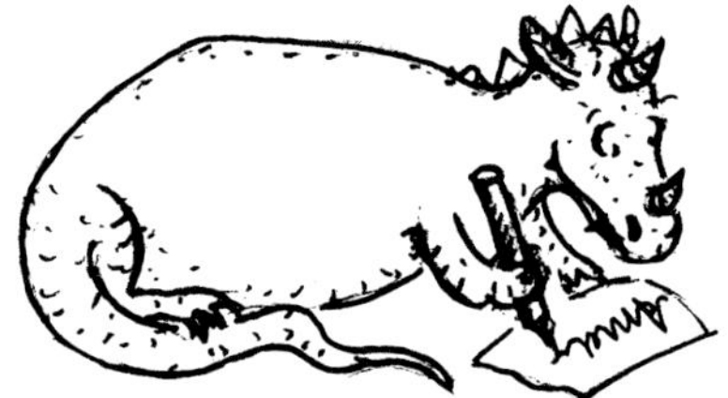

1 a) Markiere alle fahr (11) und fähr (2).
b) Schreibe den Text ab.

2) Wörterschlange: Trenne die Wörter mit einem Strich. Schreibe sie in dein Heft. Markiere alle fahr.

Fahrt zum Schwimmbad

Mustafa und Achim wollen mit dem Fahrrad zum Schwimmen fahren. Es ist aber zu gefährlich, auf der Fahrbahn für Autos mit dem Fahrrad zu fahren.
Deswegen nehmen sie den Fahrradweg. Da ist keine Gefahr.
Sie haben eine Fahrzeit von einer halben Stunde zum Schwimmbad. Um 17 Uhr müssen sie wieder abfahren, damit sie pünktlich zu Hause sind.

3 a) Markiere alle fahr (10) und fähr (1).
b) Schreibe den Text ab.

Komm	komm	komm

1) Erzähle weiter.

Der Kommissar bekommt einen Anruf …

2) Markiere alle komm auf dieser Seite.

3) Fülle die Tabelle aus.

	mit	komm	en	mitkommen
	vorbei		en	
ich			e	
er			t	
wir			en	
du			st	
das			a	
	be		en	
der			issar	

4) Finde noch andere komm -Wörter.
Trage sie ein.
Tipp: Schaue im Wörterbuch nach.

1) 3 ach, 2 aus
3) 4 ach, 1 ann

Das versteckte Komma

Konni ruft: „Kommst du mit? Wir fahren mit dem Fahrrad ins Lesebuch und suchen das Komma!“ Anna kommt mit. Sie suchen und suchen und finden das Komma nicht.
Da kommt ein Kommissar und sagt:
„Ich helfe euch. Kommt mit!“ Er übernimmt das Kommando. Sie finden das Komma unter einem Punkt. Nun kommen alle Punkte und Kommas zusammen und feiern ein Fest.

1 a) Markiere alle [komm] (12).
b) Schreibe den Text ab.

2) Rätselgitter: Finde alle 3 [komm]-Wörter. Schreibe sie in dein Heft.

A	N	U	S	L	C	O	F	M	E	K	T	A
M	Z	K	O	M	M	I	S	S	A	R	O	G
E	K	I	P	X	R	H	G	B	X	L	S	C
L	O	C	H	F	P	U	T	N	H	O	P	J
S	M	W	K	D	B	E	K	O	M	M	E	N
B	M	G	T	R	M	O	Z	V	T	P	V	L
W	A	N	B	K	U	D	I	E	N	A	H	Q

Auf Klassenfahrt

In diesem Jahr verbringt die Klasse 3b ihre Klassenfahrt an der Weser. Sie sind aus Göttingen spät weggekommen, kamen aber noch pünktlich im Heim an. Der Heimleiter ist vorbeigekommen, um sie zu begrüßen.
Jetzt dürfen sie den Ort erkunden. An der Fähre kommen sie wieder zusammen, um sich ans andere Ufer übersetzen zu lassen. Als Anna nicht mitkommen möchte, rufen alle: „Anna, komm!“ Da kommt sie mit.

3 a) Markiere alle [komm] (6).
b) Schreibe den Text ab.

1) 2 [fahr]
3) 2 [fahr], 1 [fähr]

Fall	fall	fäll

1) Erzähle weiter.

Ein Hund fällt in eine Falle …

2) Markiere alle fall auf dieser Seite.

3) Fülle die Tabelle aus.

		fall	en	fallen
er		fäll	t	
die			e	
der	Bei			
	auf		en	
	um		en	
	hin		en	
er			t hin	
sie			t um	
es			t auf	

4) Finde noch andere fall- oder fäll-Wörter.
Trage sie ein.
Tipp: Schaue im Wörterbuch nach.

Der Überfall

Zufällig wurde ich gestern Zeuge eines Überfalls. Ein junger Mann hatte eine ältere Dame überfallen. Auf der Flucht war der Mann über eine Baumwurzel gefallen und hatte sich dabei verletzt. In der Nähe arbeitete ein Holzfäller, der den Zwischenfall bemerkte. Er schlich sich unauffällig heran und schnappte sich den Dieb. Die beraubte Dame kam herbei und klatschte Beifall.

1 a) Markiere alle fall (6) und fäll (3).
b) Schreibe den Text ab.

2) Fülle die Tabelle aus.

ich	fall	e	ich		e	ich falle
du	fäll		du		st	
er/sie/es	fäll		er		t	
wir	fall		wir		en	
ihr	fall		ihr		t	
sie	fall		sie		en	

Der Zwischenfall

Letzte Woche im Wald sah ich zufällig einen gefährlichen Zwischenfall. Mehrere Holzfäller arbeiteten im Wald.
Plötzlich sah ich einen Jungen hinter den Männern auftauchen. Diese fällten gerade einen Baum und sahen den Jungen nicht. Als der Baum jeden Augenblick umfallen konnte, stolperte der Junge und geriet dabei in die Falllinie des Baumes. Er war über eine Wurzel gefallen. Ich konnte ihn gerade noch zur Seite ziehen, sodass er nicht verletzt wurde.

3 a) Markiere alle fall (5) und fäll (3).
b) Schreibe den Text ab.

3) 1 fähr

Leg	leg	leg

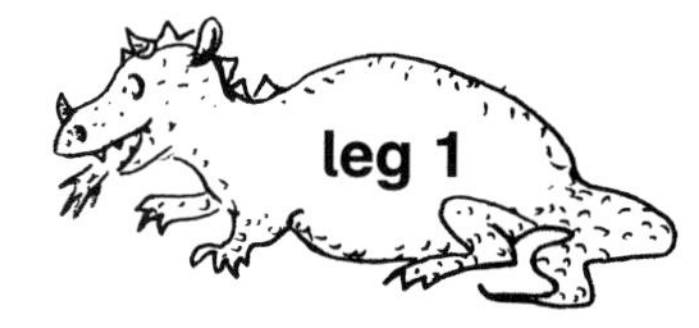

1) Erzähle weiter.

Gelegentlich überlegen wir, ob …

2) Markiere alle leg auf dieser Seite.

3) Fülle die Tabelle aus.

		leg	en	legen
	über		en	
	ver		en	
die	Über		ung	
die	Ver		enheit	
	auf		en	
	hin		en	
er			t hin	
sie			t auf	
die	Ge		enheit	

4) Finde noch andere leg -Wörter.
Trage sie ein.
Tipp: Schaue im Wörterbuch nach.

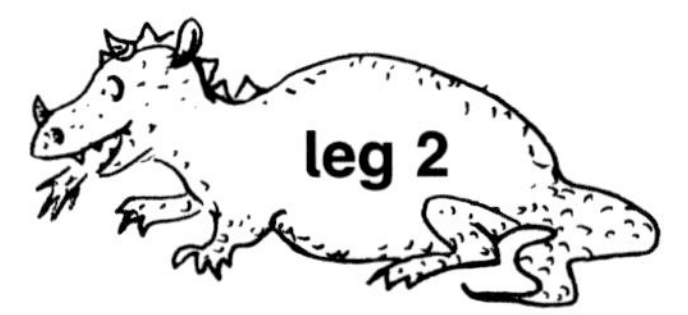

Schwimmen oder lernen?

„Leg deine Bücher weg und komm!“, ruft Andreas durch das Telefon. „Wir fahren zum Schwimmen.“ Egon sitzt am Schreibtisch und überlegt. Er möchte noch für das Diktat üben. Aber er ist deswegen verlegen. Denn gelegentlich wurde er schon Streber gerufen. „Aber ich kann auch am Abend üben“, überlegt er. Also legt er den Hörer auf, legt die Bücher weg und packt seine Schwimmsachen.

1 a) Markiere alle leg (7).
b) Schreibe den Text ab.

2) Rätsel: Setze die richtigen leg -Wörter ein.

a) Ein Brötchen mit Wurst 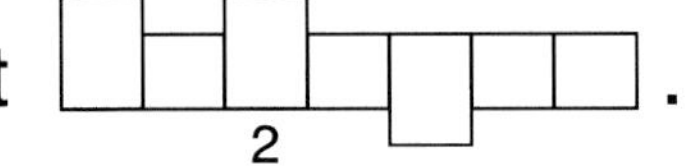 .

2

b) Ein Ei ____ .

4

c) Den Telefonhörer ____ .

1 5

d) Du wirst rot und bist ____ .

6 3

Lösungswort: 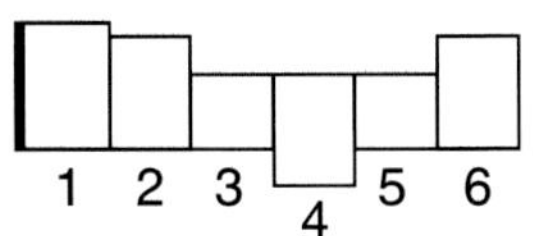

1 2 3 4 5 6

Sieg oder Spaß?

Tom kann gut laufen und springen und überlegt ständig, wie er seine Leistungen verbessern kann. In der Schule ist bald ein Sportfest. Tom freut sich und denkt: „Das ist die Gelegenheit, den anderen meine Überlegenheit zeigen zu können.“ Doch andere Schüler legen auch gute Leistungen hin. Aber das stört ihn nicht. Es macht ihm einfach Spaß, sich mit anderen Schülern zu messen.

3 a) Markiere alle leg (4).
b) Schreibe den Text ab.

1) 1 fahr, 1 komm

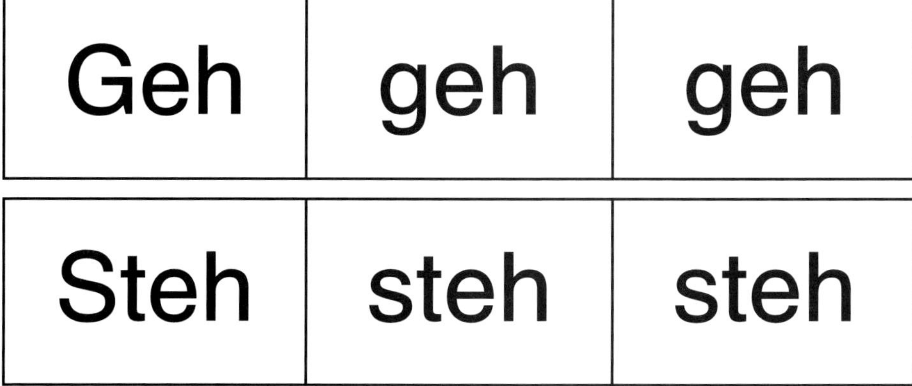

1) Erzähle weiter.

Steh auf, geh weiter …

2) Markiere alle geh und steh auf dieser Seite.

3) Fülle die Tabelle aus.

		geh	en	gehen
	über		en	
	ver		en	
	mit		en	
du			st mit	
		steh	en	
du			st auf	
der			platz	
ihr			t auf	

4) Finde noch andere geh - oder steh -Wörter.
Trage sie ein.
Tipp: Schaue im Wörterbuch nach.

Nur Stehplätze

Heute geht die Klasse 3a zu einem Konzert. Es findet in einem Park statt. Alle Schulen gehen oder fahren dorthin. Als sie ankommen, gibt es nur noch Stehplätze. Ein Schüler ist gehbehindert. Peter kann nicht solange stehen. Sie überlegen, was zu tun ist. Da kommen sie auf die Idee, zur Kasse zu gehen. Es wird über Mikrofon um einen freien Stuhl gebeten. Sofort steht ein Junge auf und bietet seinen Platz an. So muss Peter nicht mehr stehen.

1 a) Markiere alle geh (4) und steh (5).
b) Schreibe den Text ab.

2) Bilde geh - und steh -Wörter. Schreibe sie auf.

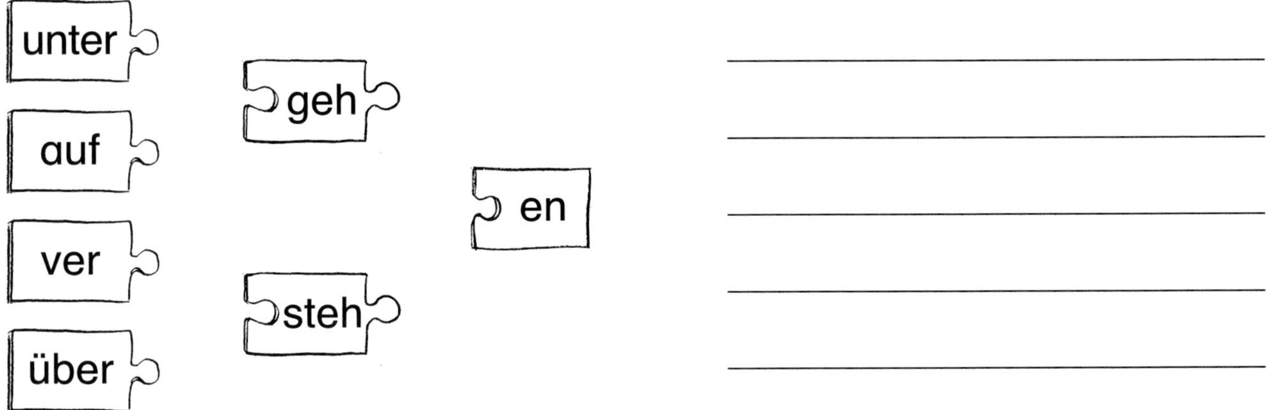

Im Seniorenheim

Einmal im Monat steht den Kindern der 3. Klassen etwas Besonderes bevor. Sie gehen mit ihrer Lehrerin in ein Seniorenheim. Am Eingang steht jedes Mal der Heimleiter, um sie zu begrüßen. Dann gehen sie auf verschiedene Stationen. Bei schönem Wetter gehen sie mit den Bewohnern spazieren. Manche der Alten benutzen dabei eine Gehhilfe, manche einen Gehstock. Wenn die Kinder wieder weggehen, stehen viele der Bewohner am Fenster und winken.

3 a) Markiere alle geh (6) und steh (3).
b) Schreibe den Text ab.

1) 1 fahr, 2 komm, 1 leg

schieß	gieß	schließ

1) Erzähle weiter.

Der Schließer verschließt das Tor …

2) Markiere alle schieß, gieß und schließ auf dieser Seite.

3) Fülle die Tabelle aus.

	ein	gieß	en	eingießen
er			t aus	
	er	schieß	en	
die			übung	
du			t	
	ab	schließ	en	
	ver		en	
ihr	ver		t	
die			kanne	
die			bude	
das			fach	

4) Finde noch andere schieß-, gieß- oder schließ-Wörter.
Trage sie ein.
Tipp: Schaue im Wörterbuch nach.

Tore schießen

Torben und Samedin wollen Fußball spielen.
Vorher müssen sie im Haus noch
mit der Gießkanne die Blumen gießen.
Dann geht es los. Sie schließen die Tür und
gehen zum Sportplatz. Dort treffen sie
viele Freunde. Torben schießt drei Tore.
Samedin schießt leider kein Tor.
Er ist beleidigt, läuft nach Hause
und schließt sich in seinem Zimmer ein.

1) **a) Markiere alle schieß (3), gieß (2) und schließ (2).**
   b) Schreibe den Text ab.

2) **Halbe Wörter: Erkennst du diese schieß-, gieß- und schließ-Wörter?**

AUSGIEßEN ERSCHIEßEN

VERSCHLIEßEN

Streit

Schnell wie ein Schießhund läuft Heinrich die Treppe hinunter
und schließt die Haustür ab. Dann rennt er wieder hoch und
geht vorsichtig ans Fenster. Draußen steht sein Freund Michi
mit bösem Gesicht. Sie hatten gemeinsam
Schießübungen gemacht. Wer ein Tor schießt, bekommt
einen Punkt. Als Michi verlor, wurde er wütend.
Da lief Heinrich lieber nach Hause. Jetzt überlegt er,
was er tun soll. Schließlich nimmt er die Gießkanne und
gießt Michi Wasser auf den Kopf. Zuerst will Michi schimpfen.
Doch dann müssen beide lachen.

3) **a) Markiere alle schieß (3), gieß (2) und schließ (2).**
   b) Schreibe den Text ab.

3) 1 komm, 1 leg, 1 geh, 1 steh
1) 2 geh

Flieg	flieg	flug

1) Erzähle weiter.

Zwei Fliegen fliegen in der Sonne …

2) Markiere alle flieg und flug auf dieser Seite.

3) Fülle die Tabelle aus.

	mit	flieg	en	mitfliegen
	herbei		en	
	vorbei		en	
ich			e	
er			t	
du			st	
die			e	
der			er	
der		Flug		
das			zeug	

4) Finde noch andere flieg - oder flug -Wörter.
Trage sie ein.
Tipp: Schaue im Wörterbuch nach.

Das Fliegengitter

Zwei Fliegen sitzen auf einem Fensterbrett.
Von ihrem Platz aus können sie
in die Speisekammer des Hauses sehen.
Die beiden unterhalten sich.
Die eine sagt: „Ich sehe einen wunderbaren
Käse." Die andere fragt: „Siehst du
den Honigtopf?" Da jammern beide Fliegen:
„Aber es ist ein Fliegengitter davor!".
Plötzlich fliegt ein Vogel heran.
Schnell fliegen die Fliegen davon.

1 a) Markiere alle flieg (7).
b) Schreibe den Text ab.

2) Bilderrätsel: Welche flieg - oder flug -Wörter sind es?

________________ ________________ ________________

Der Fliegenpilz und die Fliegen

Es gießt. Ein großer Fliegenpilz steht im Wald und schimpft:
„Wenn doch endlich dieser Regen aufhörte!"
Da kommt die Sonne heraus. Zwei Fliegen fliegen herbei
und landen auf dem Fliegenpilz. Er freut sich
über den Besuch der Fliegen. Als die eine
ihr Fliegenbein bewegt, kitzelt sie den Fliegenpilz
und er muss lachen.

3 a) Markiere alle flieg (9).
b) Schreibe den Text ab.

3) 1 komm, 1 steh, 1 gieß

Pack	pack	päck

1) Erzähle weiter.

Wir packen ein Päckchen …

2) Markiere alle pack und päck auf dieser Seite.

3) Fülle die Tabelle aus.

		pack	en	packen
	an		en	
	zu		en	
ich			e	
er			t	
du			st	
der			esel	
das			papier	
die			ung	
das		Päck	chen	

4) Finde noch andere pack- oder päck-Wörter.
Trage sie ein.
Tipp: Schaue im Wörterbuch nach.

Ein Päckchen für Anna

Anna ist krank. Sie kann deshalb schon seit zwei Wochen nicht zur Schule gehen. Es hat sie eine schlimme Grippe gepackt. Ihre Klasse möchte ihr ein Päckchen bringen. Alle packen etwas ein. Sie packen ein Spiel und ein Buch ein. Auch eine Packung Kaugummi wird eingepackt. Alles wird in Packpapier gewickelt. Es ist eine schöne Verpackung geworden. Dann bekommt es Linda in ihren Ranzen gepackt. Sie wird ihr das Päckchen bringen.

1 a) Markiere alle pack (8) und päck (3).
b) Schreibe den Text ab.

2) Rätselgitter: Finde alle 4 pack - Wörter. Schreibe sie in dein Heft.

P	A	C	K	E	S	E	L	D	N	I	A	O	C
O	D	L	O	M	X	G	S	S	A	V	Z	V	R
C	X	A	J	P	Z	I	O	L	P	F	P	K	E
S	H	G	T	B	T	P	A	C	K	U	N	G	S
O	W	K	D	W	F	T	R	U	J	Z	C	A	U
K	Z	U	P	A	C	K	E	N	E	I	K	G	Q
A	Y	G	V	E	R	P	A	C	K	E	N	E	U

Spiele

Die Klasse 3c spielt in der Pause gerne Packen. Wenn einer vom Fänger gepackt wird, wird er selber Fänger und muss jemand anderen packen. Spaß macht auch das Packeselspiel. Die Kinder nehmen sich Huckepack und rennen um die Wette. Gerne spielen die Kinder auch Kofferpacken. Jeder muss alle Gegenstände aufzählen, die schon gepackt sind. Dann legt er seinen Gegenstand noch dazu und benennt ihn.

3 a) Markiere alle pack (7).
b) Schreibe den Text ab.

1) 1 komm, 1 geh
3) 1 leg

Stell	Stell	stell

1) **Erzähle weiter.**

Stell dir vor, du stellst dich …

2) **Markiere alle stell auf dieser Seite.**

3) **Fülle die Tabelle aus.**

		stell	en	stellen
	hinein		en	
	hinauf		en	
der	Ab		platz	
er			t ab	
das			werk	
	an		en	
	vor		en	

4) **Finde noch andere stell -Wörter.**
Trage sie ein.
Tipp: Schaue im Wörterbuch nach.

Wünsche für den Schulhof

Als die Kinder heute in die Schule kommen, steht eine große Stellwand in der Pausenhalle. Das Sofa, das sonst an dieser Stelle steht, wurde in den Abstellraum gebracht. Die Kinder lesen, was angeschlagen steht: Wünsche für unseren Schulhof.
„Das ist ja toll!", ruft Peter. „Jetzt können wir endlich Fußballtore bestellen!" Die Mädchen überlegen: „Wir möchten anstelle der alten Schaukel eine neue."

1 a) Markiere alle stell (5).
b) Schreibe den Text ab.

2) Bilde stell -Wörter. Schreibe sie auf.

unter
ab
her
ein
auf

stell

en

____

____

____

____

____

Musik vorstellen

Im Musikunterricht dürfen die Kinder in dieser Woche eigene Musik vorstellen. Heute kommt Jonas nach vorne, um seine Lieblingsmusik vorzustellen. Er packt eine CD aus und legt sie auf. Dann stellt er den CD-Player an. Jonas erzählt von den Musikern. An einer Stellwand hängt er Poster von den Sängern auf. Schließlich geht auch diese Stunde zu Ende. Jonas packt seine Sachen zusammen und alle gehen fröhlich in die Pause.

3 a) Markiere alle stell (5).
b) Schreibe den Text ab.

3) 1 leg, 2 geh, 1 schließ, 2 pack
1) 1 komm, 1 geh, 3 steh

deck	Deck	deck

1) Erzähle weiter.

Wenn es kalt ist, decken wir uns mit …

2) Markiere alle deck auf dieser Seite.

3) Fülle die Tabelle aus.

		deck	en	decken
	auf		en	
	ent		en	
die	Ent		ung	
er	ent		t	
	abge		t	
die	Holz		e	
der			el	

4) Finde noch andere deck -Wörter.
Trage sie ein.
Tipp: Schaue im Wörterbuch nach.

Kopfschmerzen

Manchmal hat Andrea morgens starke Kopfschmerzen. Mit diesen Schmerzen kann sie nicht zur Schule gehen. Am besten ist es, wenn sie sich wieder ins Bett legt und sich unter ihre Zudecke packt. Am liebsten deckt sie sich dann bis zur Nasenspitze zu. Die Deckenlampe wird ausgemacht und die Nachttischlampe wird mit einer kleinen Decke abgedeckt. Abends geht es ihr dann wieder gut.

1 a) Markiere alle deck (5).
b) Schreibe den Text ab.

2) Rätsel: Setze die richtigen deck -Wörter ein.

a) Ich kuschele mich in meine ____ (3).

b) Der Forscher macht eine spannende ____ (5, 7).

c) Heute muss Torach den Tisch ____ (1, 6).

d) Die Dose wird mit einem ____ (2, 4) verschlossen.

Lösungswort: 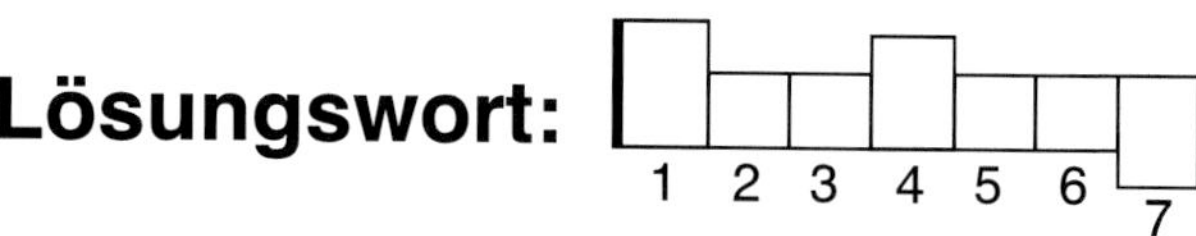
1 2 3 4 5 6 7

Das neue Zimmer

In dieser Woche will Torach sein Zimmer renovieren. Die Möbel werden abgedeckt, die Deckenlampe wird abgenommen. Die Holzdecke soll mit weißem Lack gestrichen werden. Die Wände sollen mit gelber Farbe bedeckt werden. Torach will alles selber machen. Die Deckel der Farbeimer sind schwer aufzubekommen. Doch mit einem Schraubenzieher geht es.

3 a) Markiere alle deck (5).
b) Schreibe den Text ab.

1) 1 leg, 1 geh, 1 pack
3) 1 komm, 1 geh

Zahl	zahl	zähl

1) Erzähle weiter.

Ein Geschichtenerzähler erzählt …

2) Markiere alle zahl und zähl auf dieser Seite.

3) Fülle die Tabelle aus.

die		Zahl		die Zahl
der			tag	
die	Be		ung	
die		Zähl		
er			t	
	er		en	
die	Er		weise	
die	Er		ung	
sie	er		t	
ihr	er		t	

4) Finde noch andere zahl- oder zähl-Wörter.
Trage sie ein.
Tipp: Schaue im Wörterbuch nach.

Der Geschichtenerzähler

In ein kleines Dorf in den Bergen fährt zur Winterzeit immer ein Geschichtenerzähler. Alle Leute versammeln sich und hören seinen Erzählungen zu. Er erzählt von vielen Abenteuern, die er erlebt hat. Am schönsten ist es, wenn er seine wunderbaren Märchen erzählt. Eintritt muss für die Geschichten keiner bezahlen. Der Geschichtenerzähler will keine Bezahlung.

1 a) Markiere alle zahl (2) und zähl (6).
b) Schreibe den Text ab.

2) Wörterschlange: Trenne die Wörter mit einem Strich. Schreibe sie in dein Heft. Markiere alle zahl und zähl .

Märchen in der Schule

Heute kam ein Geschichtenerzähler in die Schule. Wir setzten uns alle im Kreis auf den Fußboden. Er wollte uns sehr, sehr alte Märchen erzählen, die schon seit über hundert Jahren von Märchenerzählern erzählt werden. „Wenn ich erzählen soll, müsst ihr still sein“, begann er. Darauf wurde es ganz leise. Und dann erzählte er wunderbare Märchen von Hexen, Elfen und einem Riesen, der Rübezahl hieß. Viel zu schnell war die Zeit um. Wir gingen wie verzaubert nach Hause.

3 a) Markiere alle zahl (1) und zähl (6).
b) Schreibe den Text ab.

1) 1 fähr

Wohn	wohn	wohn

1) Erzähle weiter.

Gerne würde ich in einem Wohnwagen wohnen …

2) Markiere alle wohn auf dieser Seite.

3) Fülle die Tabelle aus.

	be	wohn	en	bewohnen
die			ung	
der	Ein		er	
der			wagen	
die			ungsmiete	
die	Ge		heit	
das			gebiet	
das			zimmer	

4) Finde noch andere wohn -Wörter.
Trage sie ein.
Tipp: Schaue im Wörterbuch nach.

Im Wohnwagenland

Im Wohnwagenland haben die Einwohner keine Wohnung. Sie bewohnen alle einen Wohnwagen mit Wohnzimmer, Schlafzimmer, Küche und Badezimmer. Sie brauchen keine Wohnungsmiete zu bezahlen, da jeder Bewohner seinen eigenen Wohnwagen bewohnt. Die Anwohner kennen sich alle. Es ist eine Gewohnheit geworden, dass sie sich einmal im Monat treffen. Alle Bewohner verbringen dann einen gemütlichen Abend zusammen.

1 a) Markiere alle wohn (14).
b) Schreibe den Text ab.

2) Halbe Wörter: Erkennst du diese wohn -Wörter?

WOHNUNG GEWOHNHEIT

WOHNZIMMER

Verschiedene Wohnorte

Linda wohnt mit ihren Eltern seit zwei Jahren in Göttingen. Sie haben sich während dieser Zeit sehr wohnlich eingerichtet. In der Nachbarwohnung wohnt Cindy, mit der sie täglich zur Schule geht. Mit Cindy versteht sie sich gut. Die Eltern haben es sich zur Gewohnheit gemacht, regelmäßig in ihren früheren Wohnort zu fahren. Sie besuchen dann die Großeltern, die dort immer noch wohnen. Gerne lässt Linda sich dort verwöhnen. Sie freut sich aber auch immer wieder, zurück in ihren neuen Wohnort Göttingen zu fahren.

3 a) Markiere alle wohn (9).
b) Schreibe den Text ab.

3) 2 fahr, 1 geh, 1 steh
1) 1 zahl

Der Anruf

Der Drache Torach möchte einen Ausflug

mit dem __________rad machen.

Der Troll Olli möchte auch mit___________en.

Olli fragt Torach: „Kann ich mit____________en?“

„Das muss ich mir noch über___________en.

Du ___________st doch immer hin. Das ist mir zu

ge______________lich.“

Olli wird ganz ver_________en. Aber da sagt Torach:

„Na gut, __________ mit!“

1) Setze fahr/fähr, komm, fall/fäll oder leg ein.

2) Schreibe einem Partner fahr, komm, fall oder leg mit dem Finger auf den Rücken. Bekommt er heraus, was du geschrieben hast?

3) Welches Wort passt nicht in die Reihe?

kommen	der Busfahrer	überlegen	der Beifall
das Komma	umfahren	verlegen	hinlegen
vorbeikommen	das Fahrrad	die Gefahr	auffallen
die Falle	mitkommen	die Verlegung	gefallen

Urlaub

geh-pack

Andi und Andreas haben ihre Koffer ge_________t.

Bevor es los_________t, müssen sie im Haus noch

alle Blumen ___________en und die Haustür ab___________en.

Die Koffer sind sehr schwer. Sie kommen sich vor wie

_________esel. Ganz erschöpft sitzen sie endlich im Taxi,

das sie zum ______________hafen fährt.

Von dort wollen sie in den Urlaub ___________en.

1) **Setze geh, schließ, gieß, flieg, flug oder pack ein.**

2) **Schreibe einem Partner geh, gieß, flieg oder pack mit dem Finger auf den Rücken. Bekommt er heraus, was du geschrieben hast?**

3) **Bilde Wörter. Schreibe sie auf.**

ab | ver | an | aus | ein | auf

steh | pack | schließ | flieg

en

Wo wohnt Torach?

stell-wohn

Der Drache Torach lebt in einem __________wagen.

Er hat ihn im Wald abge__________t. Dort muss er keine Miete

be__________en. Wenn ihn Menschen im Wald ent__________en,

er____________t er ihnen von seinem Leben. Sie sitzen dann

gemeinsam in seinem ___________zimmer. Im Winter ist es

im ___________wagen sehr kalt. Dann _________t Torach

seinen Ofen an und kuschelt sich in eine dicke ___________e.

1) Setze stell, deck, zahl, zähl oder wohn ein.

2) Schreibe einem Partner stell, deck, zahl oder wohn mit dem Finger auf den Rücken. Bekommt er heraus, was du geschrieben hast?

3) Wörterschlange
Trenn die Wörter mit einem Strich.

4) Trage die Wörter aus der Schlange richtig ein.

wohn	zahl	deck	stell

1) Fülle die Lücken aus.

2) Zu jedem Anhänger passt eine Lok.
Verbinde oder male sie mit der gleichen Farbe an.

Anhänger	Lok
das ________rad	schließ
das ___________a	fahr
der Bei________	fall
die Ge______enheit	komm
der ________platz	steh
die ________kanne	leg
das __________fach	gieß

1) **Fülle die Lücken aus.**

2) **Zu jedem Anhänger passt eine Lok.**
Verbinde oder male sie mit der gleichen Farbe an.

die 

das 

die 

die 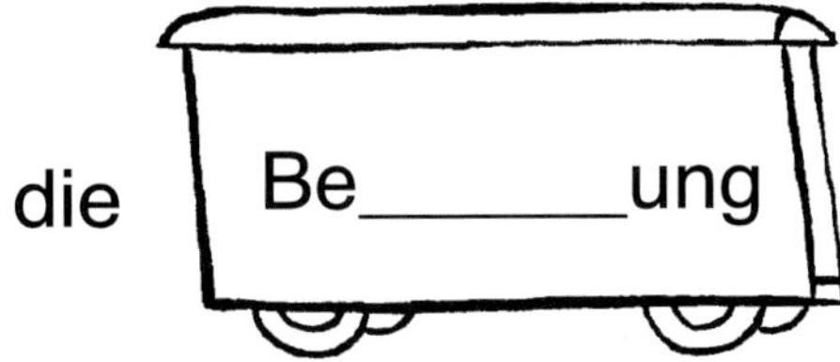

der 

das 

1) Kreisel

Drehe den Kreisel.
Warte bis er liegen bleibt.

Bilde zu dem Wortstamm, der unten liegt, Wörter.
Wie viele fallen dir ein?
Schreibe sie auf.

a)

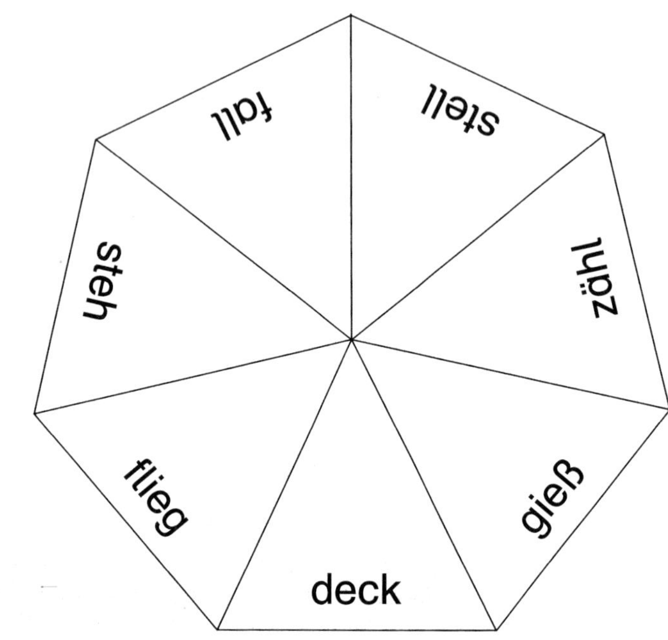

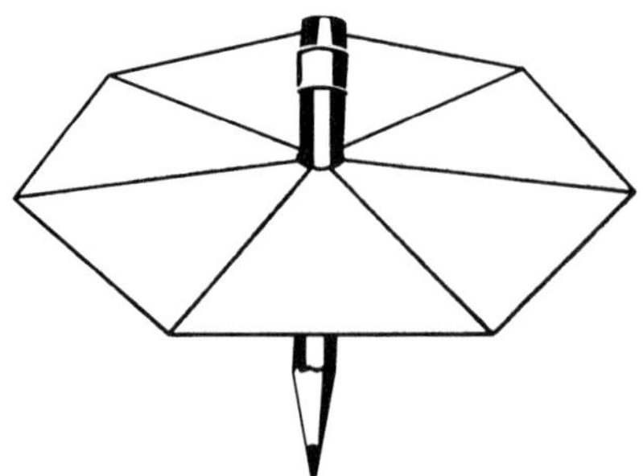

b)

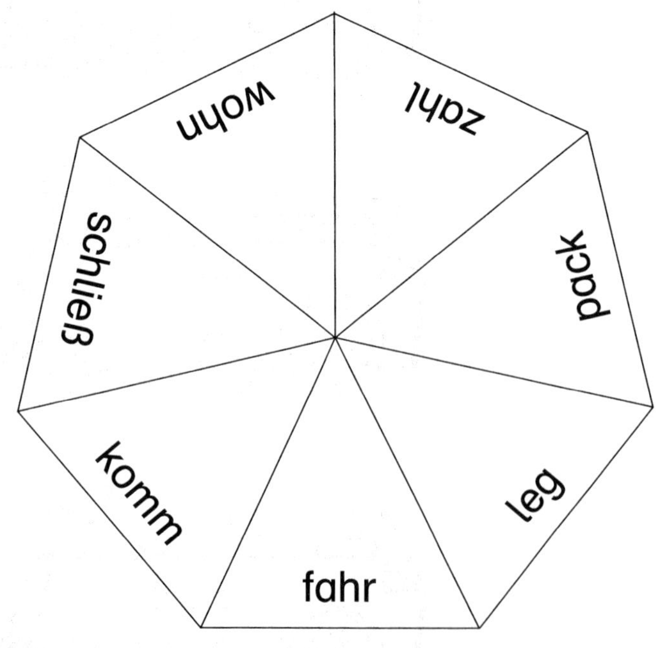

Domino/Memory

das Komma	vergehen	der Gehweg	bezahlen
die Zahl	auffallen	der Beifall	abschließen
das Schließfach	einpacken	die Packung	fliegen
die Fliege	auflegen	die Überlegung	abfahren
die Fahrbahn	abstellen	das Stellwerk	zudecken
der Deckel	bewohnen	der Wohnwagen	zählen
die Erzählung	ausgießen	die Gießkanne	mitkommen

Ach

ach

And

and

Ann

ann

Aus

aus

Ein

ein

Eit

eit

Ich
ich

Imm
imm

Ind
ind

Och
och

Oll
oll

Und
und

Uck
uck

fahr

fähr

Komm

komm

fall

fäll

Leg

leg

geh
steh

---

schieß
gieß
schließ

flieg
flug

---

pack
päck

Stell
stell

Deck
deck

zahl

zähl

Wohn

wohn

Literaturverzeichnis

Bee-Götsche, Petra: *Lernschwierigkeiten früh erkennen.* München 1993.

Borchert, Johann: *Pädagogisch-therapeutische Interventionen.* Göttingen 1996.

Hasselhorn, Marcus/**Schumann-Hengsteler**, Ruth: *Arbeitsgedächtnis.* In: D.H. Rost (Hrsg.): Handwörterbuch Pädagogische Psychologie. Weinheim 1998.

Hasselhorn, Marcus/**Schneider**, Wolfgang/**Marr**, Harald: *Früh-, Förder- und Differentialdiagnostik von Lese-Rechtschreibschwierigkeiten: Eine Einführung.* In: Hasselhorn u. a. (Hrsg.): Diagnostik von Lese-, Rechtschreibschwierigkeiten. Göttingen 2000.

Frith, Uta: *Beneath the surface of developmental dyslexia.* In: Patterson u. a.: Surface dyslexia: Cognitive neuropsychological Studies of phonological reading. Hillsdale 1985.

Jansen, Heiner/**Mannhaupt**, Gerd/**Marx**, Harald/**Skowronek**, Helmut: *Bielefelder Screening zur Früherkennung von Lese-Rechtschreibschwierigkeiten (BISC).* Göttingen 1999.

Jerusalem, Matthias: P*ersönliche Ressourcen, Vulnerabilität und Stresserleben.* Göttingen 1990.

Klicpera, Christian/**Gasteiger-Klicpera**, Barbara: *Psychologie der Lese- und Schreibschwierigkeiten.* Weinheim 1995.

Küspert, Petra/**Schneider**, Wolfgang: *Hören, lauschen, lernen.* Göttingen 1999.

Müller, Rudolf: *Diagnostischer Rechtschreibtest 1 (DRT 1).* Weinheim 1999.

Rosenkötter, Henning: *Neuropsychologische Behandlung der Legasthenie.* Weinheim 1997.

Scheerer-Neumann, Gerheid: *Funktionsanalyse des Lesens.* In: Zeitschrift für Psychologie und Unterricht 24 (1977), S. 125-135.

Schneider, Wolfgang: *Lesenlernen.* In: D.H. Rost (Hrsg.): Handwörterbuch Pädagogische Psychologie. Weinheim 1998.

Schubert-Klemenz, Sylvia: *LRS-Förderung auf Signalgruppen- und Morphemebene. Schriftliche Hausarbeit zur Prüfung für Beratungslehrer.* Unveröff. Göttingen 2001.

Walter, Jürgen: *Förderung bei Lese-Rechtschreibschwäche.* Göttingen 1996.